Methoden der Politikwissenschaft

Herausgegeben von
J. Behnke, Friedrichshafen, Deutschland
M. Klein, Hannover, Deutschland
H. Schoen, Mannheim, Deutschland

Weitere Bände in dieser Reihe
http://www.springer.com/series/12223

In der Schriftenreihe werden kompakte Einführungstexte in grundlegende und avancierte Verfahren der Datenerhebung und Datenauswertung veröffentlicht. Der Schwerpunkt liegt dabei auf standardisierten Techniken, die für politikwissenschaftliche Fragestellungen relevant sind. Die Reihe wendet sich in erster Linie an Studierende und ist auf den Einsatz in der universitären Methodenlehre zugeschnitten. Sie wendet sich darüber hinaus aber auch an Forscherinnen und Forscher, die sich schnell über bestimmte Verfahren informieren wollen, um deren möglichen Nutzen für die eigene Forschung abzuschätzen, oder um die Arbeiten anderer Autorinnen und Autoren besser verstehen und beurteilen zu können. Dem Adressatenkreis entsprechend vermitteln die einzelnen Bände der Reihe ein grundlegendes Verständnis des jeweils dargestellten Verfahrens. Kennzeichnend für die Reihe ist das Prinzip größtmöglicher Anschaulichkeit: Die Verfahren werden jeweils unter Bezugnahme auf ein konkretes Anwendungsbeispiel aus der politikwissenschaftlichen Forschung eingeführt und dargestellt. Besonderes Gewicht wird dabei den Anwendungsvoraussetzungen sowie den in der Praxis auftretenden Schwierigkeiten gewidmet. In den Bänden werden keine Detailprobleme des jeweiligen Verfahrens diskutiert, sondern dafür auf weiterführende Spezialliteratur verwiesen. Die Bände beinhalten ein kommentiertes Literaturverzeichnis, in dem die wichtigsten Lehrbücher und Einführungstexte zum jeweiligen Verfahren kurz vorgestellt werden. Setzt die Anwendung eines Verfahrens die Verwendung von spezieller Erhebungs- bzw. Analysesoftware voraus, wird kurz in diese eingeführt. Ist ein Analyseverfahren im Rahmen der gängigen Statistikpakete verfügbar, so werden die notwendigen Befehle erläutert. Um die Bände möglichst kompakt zu halten, wird die Beschreibung der Software auf einer speziellen Homepage zur Schriftenreihe veröffentlicht.

Herausgegeben von
Joachim Behnke
Friedrichshafen
Deutschland

Markus Klein
Hannover
Deutschland

Harald Schoen
Mannheim
Deutschland

Joachim Behnke

Logistische Regressionsanalyse

Eine Einführung

Joachim Behnke
Friedrichshafen
Deutschland

ISBN 978-3-658-05081-8   ISBN 978-3-658-05082-5 (eBook)
DOI 10.1007/978-3-658-05082-5

Die Deutsche Nationalbibliothek verzeichnet diese Publikation in der Deutschen Nationalbibliografie; detaillierte bibliografische Daten sind im Internet über http://dnb.d-nb.de abrufbar.

Springer VS
© Springer Fachmedien Wiesbaden 2015
Das Werk einschließlich aller seiner Teile ist urheberrechtlich geschützt. Jede Verwertung, die nicht ausdrücklich vom Urheberrechtsgesetz zugelassen ist, bedarf der vorherigen Zustimmung des Verlags. Das gilt insbesondere für Vervielfältigungen, Bearbeitungen, Übersetzungen, Mikroverfilmungen und die Einspeicherung und Verarbeitung in elektronischen Systemen.

Die Wiedergabe von Gebrauchsnamen, Handelsnamen, Warenbezeichnungen usw. in diesem Werk berechtigt auch ohne besondere Kennzeichnung nicht zu der Annahme, dass solche Namen im Sinne der Warenzeichen- und Markenschutz-Gesetzgebung als frei zu betrachten wären und daher von jedermann benutzt werden dürften.

Gedruckt auf säurefreiem und chlorfrei gebleichtem Papier

Springer VS ist eine Marke von Springer DE. Springer DE ist Teil der Fachverlagsgruppe Springer Science+Business Media
www.springer-vs.de

Vorwort

Das vorliegende Buch wendet sich an all diejenigen, die entweder in der eigenen Forschung oder in der Literatur auf Auswertungsprobleme gestoßen sind, für die die logistische Regression einen geeigneten Ansatz darstellt. Es handelt sich dabei um die Struktur eines statistischen Modells mit einer abhängigen dichotomen Variablen und unabhängigen Variablen, die intervallskaliert sind. Die Anwendungsbereiche der logistischen Regression sind mannigfaltig und finden sich praktisch in jedem Bereich, der empirisch erforscht werden kann, von den Politik- und anderen Sozialwissenschaften bis zur Biologie und Medizin.

Das Buch wendet sich an Leser mit statistischen Grundkenntnissen auf dem Level der multivariaten linearen Regression, sollte aber ansonsten für jeden Leser mit einem rudimentären Grundverständnis für Mathematik verständlich sein. Lesern, die lediglich ein grundlegendes Verständnis des Verfahrens gewinnen wollen, werden vor allem das zweite und das dritte Kapitel ans Herz gelegt. Das zweite Kapitel versucht, die Logik der statistischen Regressionsanalyse im Vergleich zum Modell der linearen Wahrscheinlichkeit zu erläutern. Für Leser, die einen schnelleren Einstieg suchen, kann dieses Kapitel auch übergangen werden. Im dritten Kapitel wird die Form der logistischen Funktion dargestellt und durch eine schrittweise Entwicklung dieser Form versucht, ein intuitives Verständnis für die Funktion selbst zu vermitteln. Das fünfte Kapitel ist insbesondere für Forscher, die selbst eine logistische Regression durchführen wollen, von zentraler Bedeutung, da hier die verschiedenen Möglichkeiten aufgezeigt werden, wie man die Ergebnisse einer logistischen Regression sinnvoll interpretieren und darstellen kann. Im sechsten Kapitel werden verschiedene Goodness-of-Fit-Maße erläutert. Die Kenntnis von dem, was in Kap. 3 vermittelt wird, ist als Grundlage notwendig für das Verständnis des Stoffs in Kap. 5 und 6, ansonsten können alle Kapitel auch für sich gelesen werden.

Die Koeffizienten der logistischen Regression werden nicht wie die der linearen Regression mit der Methode der kleinsten Quadrate geschätzt, sondern mit der sogenannten Maximum-Likelihood-Methode. Dieses Schätzverfahren ist sehr grundlegend und wird inzwischen bei vielen Standardverfahren angewandt. Während die Methode der kleinsten Quadrate analytischer Natur ist, d. h. die Parameterwerte werden als Lösungen bestimmter Gleichungen gefunden, sind Maximum-Likelihood-Verfahren computativ, d. h. sie werden auf sehr aufwändige Weise errechnet. Die immer größere Verbreitung von Maximum-Likelihood-Verfahren in der Statistik ist daher vor allem auf die immer größere Rechenkapazität auch einfacher PCs zurückzuführen. Für diejenigen, die die Logik eines Maximum-Likelihood-Schätzverfahrens genauer kennenlernen wollen, ist das vierte Kapitel gedacht. In ihm werden auch bestimmte Algorithmen erläutert, die bei der logistischen Regression häufig angewandt werden. Für Leser, die lediglich an der Anwendung einer logistischen Regression interessiert sind, oder an den Grundkenntnissen, die notwendig sind, um die Ergebnisse einer logistischen Regression richtig „lesen" zu können, ist das vierte Kapitel entbehrlich und kann übersprungen werden. Es kann aber auch gelesen werden, nachdem man sich mit den Kap. 2, 3 und 5 ein grundlegendes Verständnis der logistischen Regression verschafft hat.

Florian Bader, Martin Valdés-Stauber und der externe Gutachter Henning Best haben das Skript mit großer Sorgfalt gelesen und mir mit vielen Anmerkungen und Verbesserungsvorschlägen geholfen, den Text zu verbessern. Ihnen gilt hierfür mein herzlicher Dank. Verbliebene Fehler und stilistische Ungeschicklichkeiten gehen auf mein persönliches Konto.

Auf der Webseite www.springer.com/springer+vs/politik/book/978-3-658-05081-8 findet sich die Syntax für alle Beispielrechnungen im Text in den Statistikpaketen R, SPSS und Stata.

Friedrichshafen, im April 2014   Joachim Behnke

Inhaltsverzeichnis

1 Einführung 1

2 Lineare Regression und das Modell der linearen
  Wahrscheinlichkeit 5

3 Das Logit-Modell 23

4 Das Maximum-Likelihood-Verfahren zur Schätzung der
  Logitfunktion 37

5 Interpretation der Koeffizienten der logistischen Regression 67

6 Goodness-of-fit-Maße, Modellvergleiche und Signifikanztests 99

Kommentierte weiterführende Literatur 127

Sonstige weiterführende Literatur 131

Einführung 1

Das wohl wichtigste und am meisten verwendete statistische Analysemodell in den Sozialwissenschaften ist das lineare Regressionsmodell. Seine Vorteile liegen klar auf der Hand: Es ist einfach zu berechnen und – womöglich noch wichtiger – die Ergebnisse sind einfach zu interpretieren. Es scheint daher naheliegend, dieses Modell überall dort anzuwenden, wo einem sinnvollen Einsatz nichts entgegensteht. Im linearen Regressionsmodell wird die Variation einer sogenannten abhängigen oder bewirkten Variablen durch die Variation sogenannter unabhängiger oder bewirkenden Variablen erklärt. Veränderungen der Ausprägung der abhängigen Variablen können also durch Veränderungen der Ausprägungen der unabhängigen Variablen erklärt werden. Im einfachsten Fall ist dieser funktionale Zusammenhang linearer Art, d. h. dasselbe Ausmaß einer Veränderung bei der unabhängigen Variablen ruft immer dasselbe Ausmaß der Veränderung bei der abhängigen Variablen hervor, eine doppelt so große Veränderung der unabhängigen Variablen eine doppelt so große Veränderung der abhängigen usw. Variablen, bei denen man die Differenzen von gemessenen Werten zueinander ins Verhältnis setzen kann, werden als intervallskaliert bezeichnet. Wenn die unabhängige Variable kontinuierlich über eine große Bandbreite von Werten verteilt ist, d. h. viele verschiedene Ausprägungen annehmen kann, muss dementsprechend auch die abhängige Variable über eine große Anzahl von Werten streuen, wenn sie durch die unabhängige Variable erklärt werden soll. Die typische lineare Regressionsanalyse besteht also aus kontinuierlich verteilten, intervallskalierten unabhängigen und abhängigen Variablen, wie wenn man z. B. das Gewicht eines Menschen durch seine Körpergröße erklären bzw. schätzen möchte.

In vielen Fällen, die in den Sozialwissenschaften untersucht werden, besteht das zu untersuchende Phänomen jedoch in einer Charakteristik oder einer Eigenschaft, die entweder vorhanden oder nicht vorhanden ist, die abhängige, zu erklärende Variable ist also dichotomer Natur und kann nur zweierlei Ausprägungen annehmen. Typische dichotome Variablen in den Sozialwissenschaften sind z. B. Arbeitslosigkeit, die Mitgliedschaft in einer bestimmten Vereinigung, z. B. in der OECD, die Verfolgung einer bestimmten Politik, die Teilnahme an einer Wahl, Ehestatus, die Kinderlosigkeit eines Ehepaars, das Vorliegen einer bestimmten Organisationsstruktur in einem Betrieb, z. B. das Vorhandensein eines Betriebsrats etc. Um das Vorhandensein bzw. Nichtvorhandensein dieser Eigenschaft zu messen, sind im Prinzip alle symbolischen Darstellungen dieser beiden Ausprägungen denkbar, die diese unterscheidbar machen, üblicherweise werden sie aber mit 0 und 1 vercodet. Der Wert 1 bedeutet, dass die betreffende Eigenschaft vorhanden ist, der Wert 0 zeigt hingegen ihr Fehlen an. Der Vorteil der Zuweisung dieser numerischen Werte besteht darin, dass der Mittelwert der Variablen dann auch der relativen Häufigkeit des Auftretens des Werts 1 entspricht. Die relative Häufigkeit wiederum kann auch als Wahrscheinlichkeit interpretiert werden. Nehmen z. B. 80 % aller Wahlberechtigten an einer Wahl teil, dann kann daraus geschlossen werden, dass ein beliebig ausgewählter wahlberechtigter Bürger mit einer Wahrscheinlichkeit von 0,8 an der Wahl teilnimmt, bzw. – genauer – dass es sich bei ihm mit einer Wahrscheinlichkeit von 0,8 um einen Bürger handelt, der zur Wahl geht. Während jeder einzelne Fall immer den Wert 0 oder 1 bezüglich der Ausprägung der abhängigen Variablen besitzt, weist eine Gruppe von Fällen eine Verteilung von 0- und 1-Werten auf, die durch den Mittelwert prägnant beschrieben werden kann. Der Mittelwert einer solchen Gruppe, die hinsichtlich aller relevanten unabhängigen Variablen dieselben Werte aufweisen, kann dann als die Wahrscheinlichkeit, gewissermaßen im Sinne einer Disposition, interpretiert werden, mit dem ein Mitglied dieser Gruppe, das all die entsprechenden Eigenschaften aufweist, den Wert 1 der abhängigen Variablen aufweist. Wenn von allen Männern zwischen 20 und 30 mit einem Hochschulabschluss z. B. 30 % verheiratet wären, dann könnte man aus dem Vorliegen dieser Informationen bei einem konkreten Fall schließen, dass er mit einer Wahrscheinlichkeit von 0,3 verheiratet ist.

Logistische Regressionsmodelle sind statistische Analyseverfahren, die für diese Art von Untersuchungen angewandt werden können bzw. sich für eine Analyse von Daten und Zusammenhängen der beschriebenen Art besonders gut eignen. Neben den klassischen linearen Regressionsmodellen zählen logistische Regressionsanalysen, oft auch als Logit-Modelle bezeichnet, inzwischen zu den Standardverfahren in den Sozialwissenschaften.

Der Aufbau des Buches gliedert sich auf folgende Weise. Im zweiten Kapitel wird die einer logistischen Regressionsanalyse zugrundeliegende Logik unter Rückgriff auf das klassische Modell der linearen Regression und dem Modell der linearen Wahrscheinlichkeit erläutert. Der Vorteil der logistischen Regressionsanalyse wird hier vor allem durch die Betonung der Mängel linearer Modelle zur Analyse von Zusammenhängen mit dichotomen abhängigen Variablen herausgearbeitet. Im

1 Einführung

dritten Kapitel gehe ich dann auf die Ableitung bzw. theoretische Begründung der konkreten Logitfunktion ein, die bei logistischen Regressionen angewandt wird. Die Koeffizienten in logistischen Regressionen werden mit Hilfe des Maximum-Likelihoods-Verfahrens gewonnen. Das vierte Kapitel geht auf die spezifische Logik bzw. Vorgehensweise dieser Schätzmethode ein. Dabei geht es hier vor allem darum, ein grundlegendes Verständnis dieses Verfahrens zu wecken. Leser, die in erster Linie an der Anwendung bzw. dem Wissen über die angemessene Interpretation von Ergebnissen einer logistischen Regression interessiert sind, können dieses Kapitel auch auslassen bzw. erst einmal überspringen. Im fünften Kapitel werden die verschiedenen Darstellungsformen der Ergebnisse einer logistischen Regression diskutiert und verschiedene Möglichkeiten der Interpretation aufgezeigt. Das sechste Kapitel schließlich beendet das Buch mit der Thematik von Signifikanztests bzw. der Problematik der Modellauswahl.

Nicht weiter ein gehe ich in dieser Einführung auf spezifische Probleme, die man vor allem der Diagnostik zurechnet, also Gesichtspunkten der Analyse wie die Behandlung besonders einflussreicher Fälle bzw. von Ausreißern, die Formulierung des angemessenen funktionalen Zusammenhangs und Kollinearitätsprobleme. Ebenfalls behandle ich Interaktionseffekte nicht vertiefend bzw. als eigenen thematischen Abschnitt. Die Gründe für die „Vernachlässigung" dieser Aspekte sind einerseits, dass eine ausführliche Behandlung dieser Themen den Rahmen einer Einführung sprengen würde, vor allem aber, dass der Umgang mit diesen Problematiken in der Regel keine spezifische Vorgehensweise bei der logistischen Regression nahelegt, sondern man hier im Wesentlichen analog wie bei linearen Modellen vorgehen kann (vgl. Field et al. 2012, S. 338 ff.; Fox 2008, S. 412 ff.; Jaccard 2001)[1]. Die inhaltliche Beschränkung ist Konsequenz der von mir verfolgten Gestaltungsabsicht, sich bei dieser Einführung vor allem auf die Darstellung von Konzepten und Problemen zu konzentrieren, die sich bei der logistischen Regression auf charakteristische Weise von denen einer linearen Regression unterscheiden.

---

[1] Allerdings erfordert die Interpretation von Interaktionseffekten bei logistischen Regressionen einiges mehr an Fingerspitzengefühl und Hintergrundwissen als bei linearen Regressionen.

Lineare Regression und das Modell der linearen Wahrscheinlichkeit

2

Um die besonderen Eigenschaften einer logistischen Regression zu beschreiben, ist es sinnvoll, diese mit dem Alternativmodell der linearen Regressionsanalyse zu vergleichen, denn gerade im Abgleich mit der linearen Regressionsanalyse können die besonderen Stärken des Logit-Modells prägnant herausgearbeitet werden. Die logistische Regressionsanalyse kann daher am besten als statistische, methodische Antwort auf Schwächen und Probleme der linearen Regressionsanalyse begriffen werden, die sich ergeben, wenn die abhängige Variable dichotomer Natur ist.

Das typische (bivariate) Regressionsmodell besteht aus einer unabhängigen und einer abhängigen Variablen, die beide intervallskaliert sind (und idealerweise kontinuierlich verteilt). Im Regressionsmodell wird unterstellt, dass der (kausale) Zusammenhang zwischen unabhängiger und abhängiger Variablen in Form einer linearen Funktion dargestellt werden kann[1]:

$$Y = \beta_0 + \beta_1 X \qquad \text{GL (2.1)}$$

Diese lineare Funktion entspricht dem kausalen Prozess, in dem eine Veränderung von X eine Veränderung von Y bewirkt. Der konkrete Wert einer einzelnen Ausprägung von Y allerdings wird in der Regel durch weitere, zusätzliche Einflussfaktoren bestimmt. Des Weiteren bleibt noch ein Messfehler zu berücksichtigen,

---

[1] Ich begnüge mich hier und im Folgenden mit der Darstellung des bivariaten Zusammenhangs zwischen der abhängigen Variablen und einer einzigen unabhängigen Variablen. Grundsätzlich sind alle Erörterungen, die im Folgenden bezüglich des bivariaten Falls gemacht werden, auf den multivariaten Fall verallgemeinerbar. Ich bevorzuge die Darstellung des bivariaten Falls aus Gründen der Einfachheit und der Didaktik, insbesondere, weil so auch graphische Darstellungen möglich sind. Ich verschiebe die explizite Diskussion der multivariaten Analyse auf das 5. Kapitel, da hier die zu erörternden Konzepte nur sinnvoll diskutiert werden können, wenn man den multivariaten Charakter eines Modells explizit berücksichtigt.

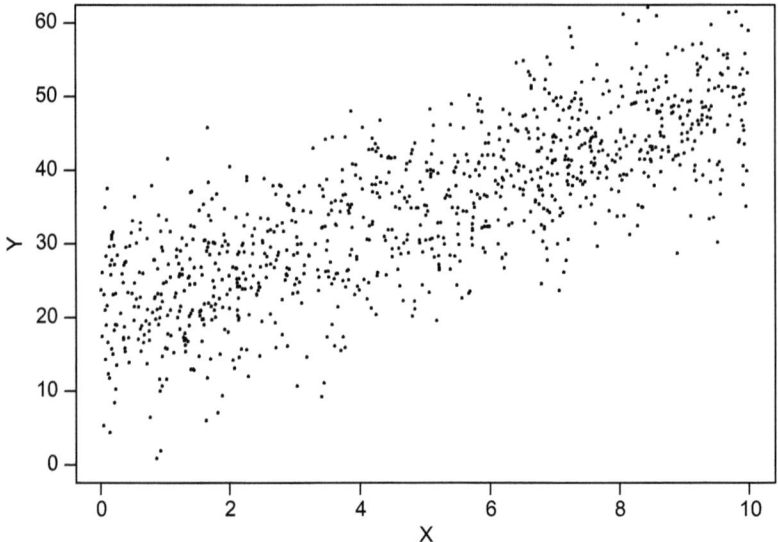

Abb. 2.1 Streudiagramm

so dass der spezifische Y-Wert des i.ten Falls einer Stichprobe mit Hilfe der Regressionsfunktion nur mehr oder weniger ungenau vorausgesagt werden kann. Der Y-Wert eines konkreten Falls y_i kann mit Gl. 2.1 daher aus dem Wert der unabhängigen Variablen x_i nicht exakt bestimmt werden, sondern weicht um den Fehler e_i vom Wert, der durch die Gleichung vorausgesagt wird, ab.

$$y_i = \beta_0 + \beta_1 x_i + e_i \qquad \text{GL (2.2)}$$

Die Gl. 2.1 gibt nur den „theoretischen", d. h. allgemeinen bzw. mittleren Zusammenhang zwischen der unabhängigen Variablen X und der abhängigen Variablen Y wieder. Die tatsächlich beobachteten Werte von Y streuen entsprechend der Verteilung der Fehlerkomponente E um die durch das Modell vorausgesagten Werte von Y. Graphisch lässt sich der Zusammenhang zwischen X und Y in Form eines Streudiagramms abbilden (Abb. 2.1).

Der „wahre" Zusammenhang zwischen X und Y, wie er sich in Gl. 2.1 in Form der Koeffizienten ausdrückt, ist der „theoretisch korrekte" Zusammenhang, d. h. der Zusammenhang, wie er in der sogenannten Grundgesamtheit, d. h. der Population, der unser theoretisches Interesse gilt, tatsächlich besteht. Nehmen wir z. B. an, uns interessierte der Zusammenhang zwischen der Selbst-Einstufung auf der

2 Lineare Regression und das Modell der linearen Wahrscheinlichkeit

Links-Rechts-Skala und der Sympathie für die CDU bei der Bundestagswahl 2009. Unsere Vermutung wäre dann, dass die Sympathie für die CDU desto höher ausfällt, je weiter rechts man sich selbst ideologisch positioniert. Der „wahre" Zusammenhang ist uns jedoch nicht bekannt. Um ihn korrekt darzustellen, müssten wir die entsprechenden Daten für alle wahlberechtigten Bürger der BRD erheben, was aus praktischen Gründen unmöglich ist. Der Sinn von inferenzstatistischen Verfahren besteht darin, den wahren Zusammenhang, wie er in der Grundgesamtheit besteht, mit einer Stichprobe von Befragten mehr oder weniger genau zu schätzen. Die geschätzten Werte von Y sollen durch ein „Dach" gekennzeichnet werden, ebenso die geschätzten Werte für die Koeffizienten.

$$\hat{y}_i = \hat{\beta}_0 + \hat{\beta}_1 x_i \qquad \text{GL (2.3)}$$
$$= b_0 + b_1 x_i$$

Die Koeffizienten b_0 und b_1 sind ihrerseits Schätzer der „wahren" Koeffizienten β_0 und β_1.[2] Die in Gl. 2.3 dargestellte Regressionsfunktion bzw. Regressionsgerade wird dabei so bestimmt, dass sie die „bestmögliche" Schätzung der wahren Geraden darstellt. Angewandt auf das Beispiel in Abb. 2.1 heißt das, dass wir diejenige Gerade suchen, die die „bestmögliche" Repräsentation der Punktewolke darstellt. Anders ausgedrückt: Wir suchen diejenige lineare Funktion bzw. Geradengleichung, die den wahren Zusammenhang zwischen X und Y am besten repräsentiert, womit in diesem Fall gemeint ist, dass diese Gerade die bestmögliche Schätzung für die wahre Gleichung darstellt. Diese Regressionsgerade wird durch die „Methode der kleinsten Quadrate" (im Englischen OLS für „ordinary least squares") gefunden, d. h. wir bestimmen die Parameterwerte der Geraden so, dass die Summe der quadratischen Abweichungen der tatsächlich beobachteten Werte von Y von den aufgrund der Regressionsgeraden geschätzten Werten minimiert wird. Die Logik des OLS-Verfahrens ist eine der Minimierung des Schätzfehlers, da die quadratischen Abweichungen der beobachteten Werte von den prognostizierten als Ausmaß dieses Fehlers interpretiert werden können. Die so gefundene Gerade lässt sich dann graphisch darstellen, wie in Abb. 2.2 zu sehen.

Damit diese Schätzung aber mit einer gewissen Zuverlässigkeit eine „gute" bzw. sogar die bestmögliche Schätzung des wahren Zusammenhangs darstellt, müssen folgende Bedingungen erfüllt sein (vgl. Berry und Feldman 1985, S. 10 f.; Berry 1993, S. 12; Ohr 2010, S. 645 ff.):

---

[2] Ich folge hier der üblichen Konvention, Parameter in der Grundgesamtheit mit griechischen Buchstaben zu versehen und Parameter in der Stichprobe mit lateinischen.

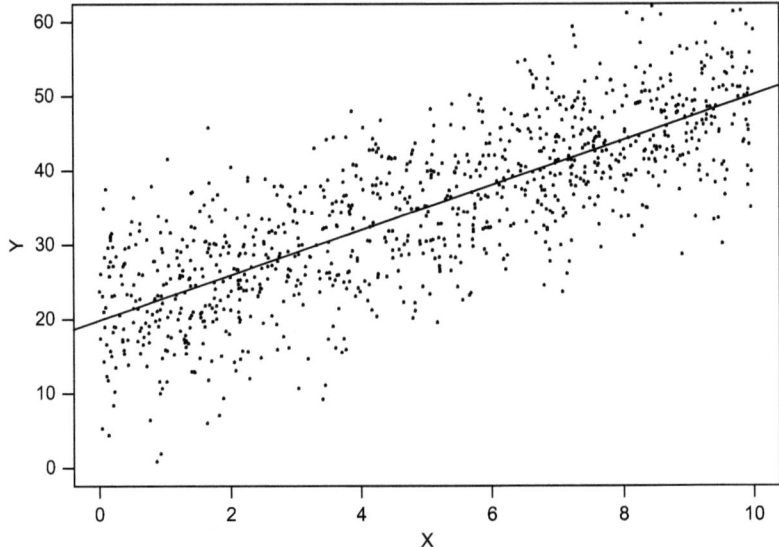

Abb. 2.2 Streudiagramm mit Regressionsgerade

1. *Messung*: Die unabhängigen Variablen müssen mindestens intervallskaliert oder dichotom sein, die abhängige Variable ist intervallskaliert, kontinuierlich und (theoretisch) unbegrenzt. Alle Variablen werden ohne Messfehler gemessen.
2. *Modellspezifikation*: Im Modell sind alle relevanten Variablen und nur relevante Variablen enthalten. Die Form der unterstellten Beziehung zwischen abhängiger und unabhängiger Variable ist linear.
3. *Erwartungswert des Fehlers:* Der Erwartungswert des Fehlers, d. h. der Residuen, ist Null
4. *Homoskedastizität:* Die Varianz des Fehlerterms unterscheidet sich nicht hinsichtlich der verschiedenen Merkmalsausprägungen der unabhängigen Variablen.
5. *Normalverteilung des Fehlers*: Der Fehler ist normalverteilt.
6. *Autokorrelation des Fehlers:* Es gibt keine Korrelation des Fehlers bezüglich verschiedener Merkmalsausprägungen der unabhängigen Variablen.
7. *Keine Korrelation zwischen dem Fehler und der unabhängigen Variablen*
8. *Kollinearität*: Es darf keine perfekte Multikollinearität zwischen den unabhängigen Variablen bestehen.

Die dritte, vierte und sechste Bedingung alleine sind schon hinreichend dafür, dass die mit der OLS-Methode gefundenen Schätzer für die Parameter der Regressionsgleichung die besten, linearen, unverzerrten Schätzer sind (im Englischen BLUE für „best linear unbiased estimator"). Mit „beste" ist hiermit gemeint, dass der sogenannte Standardfehler der Schätzung, also die mittlere Abweichung[3] des geschätzten Parameterwerts vom wahren der Grundgesamtheit minimiert wird. Die OLS-Methode garantiert damit, dass wir im Mittel mit unserem geschätzten Parameterwert so nahe an dem wahren liegen wie durch eine Schätzung überhaupt möglich.

Liegen die genannten Bedingungen vor, insbesondere die fünfte Annahme, dass die Fehler normalverteilt sind, gilt außerdem, dass die gefundene Regressionsgleichung diejenige ist, die mit der größten Wahrscheinlichkeit die wahre Gleichung ist. Genauer gesagt ist sie diejenige Gleichung, die mit der größten Wahrscheinlichkeit die gemachten Beobachtungen produzieren würde. Tatsächlich können die gemachten Beobachtungen ja unter einer Vielzahl verschiedener „wahrer" Parameterwerte auftreten. Nehmen wir den einfachen Fall eines Münzwurfs an. Eine beliebige Folge von Kopf- und Zahl-Würfen kann genauso entstehen, wenn wir die Münzwürfe mit einer „fairen" Münze durchführen, bei der die Wahrscheinlichkeiten von „Kopf" und „Zahl" jeweils ½ sind, wie wenn wir sie mit einer gezinkten Münze durchführen würden, bei der „Kopf" mit Wahrscheinlichkeit 2/3 und „Zahl" nur mit Wahrscheinlichkeit 1/3 auftreten würde. Die bedingte Wahrscheinlichkeit, mit der eine bestimmt Folge von Kopf und Zahl auftritt, je nachdem, um welchen Typus der Münze es sich handelt, ist aber unterschiedlich. Die Folge „Kopf-Zahl-Zahl-Kopf-Zahl" tritt bei einer fairen Münze mit der Wahrscheinlichkeit $½^5 = 1/32 = 0{,}031$, bei der gezinkten Münze hingegen mit $2/3 \times 1/3 \times 1/3 \times 2/3 \times 1/3 = 4/243 = 0{,}016$ auf. Die a-priori-Wahrscheinlichkeit, dass wir mit einer fairen Münze eine Sequenz wie die tatsächlich beobachtete hervorrufen würden, ist also ungefähr doppelt so groß wie die der gezinkten Münze.

Genauso sind prinzipiell viele verschiedene theoretische „wahre" Gleichungen vorstellbar, die die beobachtete Punktewolke hervorrufen könnten, so wie in Abb. 2.3 dargestellt. Für jede dieser Gleichungen bzw. Geraden kann eine bedingte Wahrscheinlichkeit berechnet werden, mit der die tatsächlich vorliegende Punktewolke aufgetreten wäre, wenn die jeweilige angenommene „theoretische" Gleichung auch die wahre gewesen wäre. Die Regressionsgerade bzw. die mit Hilfe der OLS-Schätzmethode ermittelte Gerade ist unter dieser Vielzahl von grundsätzlich vorstellbaren theoretischen Gleichungen eben diejenige, bei der diese bedingte Wahrscheinlichkeit maximiert wird. Allgemein werden solche Verfahren als Maximum-Likelihood-Verfahren bezeichnet. Die OLS-Methode kann daher als Spezialfall eines ML-Verfahrens betrachtet werden.

---

[3] Genauer gesagt handelt es sich beim Standardfehler um die Wurzel aus der mittleren quadratischen Abweichung.

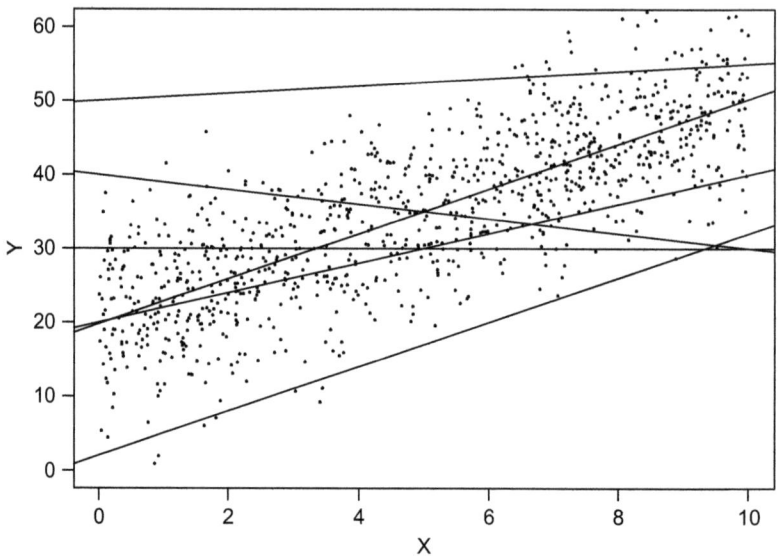

Abb. 2.3 Streudiagramm mit diversen theoretischen Gleichungen

Die lineare Regressionsanalyse ist wie erwähnt das Standardanalyseverfahren schlechthin und findet oft auch Anwendung, wenn die oben genannten Bedingungen nicht ganz und gar erfüllt sind. Das Schätzverfahren der OLS-Methode verhält sich dabei in der Regel relativ robust gegen solche Verletzungen der Annahmen, d. h. selbst wenn diese nicht hundertprozentig erfüllt sind, führt das Verfahren in der überwiegenden Anzahl der Fälle immer noch zu brauchbaren, d. h. in einem pragmatischen Sinne realistischen Schätzwerten.

Zwar verlangt die erste der oben genannten Bedingungen, dass die abhängige Variable kontinuierlicher Natur sein muss, rein technisch gesehen aber bereitet es keinerlei Probleme, die Methode der normalen linearen Regression auch dann anzuwenden, wenn die abhängige Variable dichotomer Natur ist. Geschätzt wird in diesem Fall wieder der repräsentative Wert der abhängigen Variablen in Abhängigkeit von der Ausprägung der unabhängigen Variablen, bzw. der Wert, der die durch einen bestimmten X-Wert bedingte Verteilung der abhängigen Variablen als einzelner Wert am besten repräsentiert. Im Falle einer kontinuierlichen Variablen ist dieser repräsentative Wert der Mittelwert, im Falle einer dichotomen Variablen die relative Häufigkeit der Ausprägung, die das Vorhandensein der mit der abhängigen Variablen gemessenen Eigenschaft ausdrückt. Da die abhängige Variable üblicherweise mit 0 und 1 vercodet ist, fällt diese relative Häufigkeit eleganterweise mit

2 Lineare Regression und das Modell der linearen Wahrscheinlichkeit

dem Mittelwert zusammen, was die Anwendbarkeit einer normalen linearen Regression zu unterstützen scheint. Da die relative Häufigkeit bzw. der Mittelwert, wie schon erwähnt, auch als Wahrscheinlichkeit des Auftretens der Ausprägung „1" interpretiert werden kann, wird die Anwendung der normalen linearen Regression auf Analysen mit einer dichotomen abhängigen Variablen auch als Modell linearer Wahrscheinlichkeit oder „linear probability" (vgl. Aldrich und Nelson 1985) bezeichnet. Allerdings führt die Anwendung der normalen linearen Regressionsanalyse mit OLS-Schätzung in solchen Fällen zu nicht unproblematischen Ergebnissen, die zum einen konzeptueller Natur, zum anderen statistischer bzw. methodischer Natur sind. Das logistische Regressionsmodell ist sozusagen die angemessene Antwort auf bestimmte Defekte des linearen Modells, wenn man es ohne weiteres auf dichotome abhängige Variablen anwendet. Ich werde daher im Folgenden auch erst diesen „Umweg" über das Modell der linearen Wahrscheinlichkeit einschlagen, um vor diesem Hintergrund die Stärken des logistischen Modells klarer hervortreten zu lassen.

Als Beispiel wähle ich die Untersuchung des Zusammenhangs zwischen der Wahlteilnahme und der Bewertung des Parteiensystems. Der zugrundeliegende Datensatz ist die so genannte GLES[4]-Studie 2009. Die Studie besteht unter anderem aus mehreren Querschnittstudien, von denen in unserem Zusammenhang vor allem die Vorwahl- und die Nachwahlstudie von Interesse sind. In der Nachwahlbefragung war unter anderem die Frage nach der beabsichtigten Wahlteilnahme enthalten. Während diese Frage bei Studien, die vor einer Wahl stattfinden, häufig mit Antwortvorgaben gestellt werden, die eine Wahrscheinlichkeitsaussage machen („werde sicher zur Wahl gehen", „werde wahrscheinlich zur Wahl gehen" etc.), kann sie nach einer Wahl nur in dichotomer Weise gestellt haben, da es hier nur zwei sinnvolle Antwortvorgaben gibt („Ja, habe gewählt", „Nein, habe nicht gewählt"). Wenn man die Wahlteilnahme erklären will, so könnte man z. B. einen Zusammenhang mit der sogenannten „Politikverdrossenheit" sehen. Die interessierende Hypothese könnte z. B. lauten: „Je größer die Politikverdrossenheit bei den Bürgern, desto seltener nehmen sie an Wahlen teil." Die unabhängige Variable der Politikverdrossenheit operationalisiere ich im Beispiel eher im Sinne einer Parteienverdrossenheit als die maximale Bewertung, die für eine der fünf etablierten Parteien (CDU/CSU, SPD, FDP, Grüne, Linke) auf dem Sympathieskalometer angegeben wurde. Hierbei konnten die Befragten für jede der Parteien auf einer Skala von − 5 bis + 5 angeben, wie viel sie von den Parteien hielten. Es scheint durchaus sinnvoll, Politikverdrossenheit bzw. die Abwesenheit von Politikverdrossenheit als den Maximalwert der Parteienbewertungen zu operationalisieren. Der Mittelwert der Bewertungen wäre weniger angebracht, da z. B. eine große Varianz der wahrge-

---

[4] German Longitudinal Election Study.

Tab. 2.1 Kreuztabelle: Zusammenhang zwischen Bewertung der Parteien und Wahlteilnahme

	Bewertung der am besten bewerteten Partei									
	−5	−4	−3	−2	−1	0	1	2	3	4	5
Nichtwahl	30	6	9	19	20	70	55	57	46	33	16
Wahl	8	1	8	14	21	83	138	254	400	345	253

Tab. 2.2 Kreuztabelle: Zusammenhang zwischen Bewertung der Parteien und Wahlteilnahme

	Bewertung der am besten bewerteten Partei									
	−5	−4	−3	−2	−1	0	1	2	3	4	5
Nichtwahl	78,9	85,7	52,9	57,6	48,8	45,8	28,5	18,3	10,3	8,7	5,9
Wahl	21,1	14,3	47,1	42,4	51,2	54,2	71,5	81,7	89,7	91,3	94,1

nommenen Sympathie der Parteien keineswegs bedeuten muss, dass man politikverdrossen ist. Ausschlaggebend scheint hierfür eher zu sein, wie gut bzw. schlecht selbst die noch am besten bewertete Partei abschneidet. Wir erwarten also einen positiven Zusammenhang zwischen Nichtwahl und Politikverdrossenheit bzw. einen positiven Zusammenhang zwischen der Wahlteilnahme und dem „Mangel" an Politikverdrossenheit. Im Folgenden werde ich allgemein von der Parteienbewertung sprechen, ohne jedes Mal darauf hinzuweisen, dass sich dies im Sinne des „Mangels" an Politikverdrossenheit auf die Bewertung der am besten bewerteten Partei bezieht.

Die Verteilung der kombinierten Werte der abhängigen und unabhängigen Variablen in Form einer Kreuztabelle ist in Tab. 2.1 zu sehen. Aussagekräftiger als die absoluten Zahlen sind die Spaltenprozentzahlen, bzw. die innerhalb der durch die unabhängige Variable gebildeten Gruppen prozentuierten Zahlen (Tab. 2.2).

Offensichtlich nimmt der Anteil der Wähler wie erwartet mit zunehmend positiver Bewertung des Parteiensystems zu. Analog zur linearen Regressionsanalyse wird ein Streudiagramm angefertigt, das die charakteristische Form des Zusammenhangs auf graphische Weise enthüllen soll (Abb. 2.4).

Ein derartiges „Streudiagramm" ist allerdings wenig hilfreich, da keine „Streuung" der Datenpunkte vorhanden ist. Dies liegt daran, dass sowohl die X- als auch die Y-Variable nur wenige diskrete Ausprägungen haben, so dass nur relativ wenige konkrete Kombinationen von Werten insgesamt möglich sind. Da alle Wertekombinationen mindestens einmal besetzt sind und im Streudiagramm nicht erkennbar ist, wie oft die einzelnen Kombinationen besetzt sind, lässt sich so nicht erkennen, welche Kombinationen von Werten besonders häufig auftreten. Dieses

2 Lineare Regression und das Modell der linearen Wahrscheinlichkeit 13

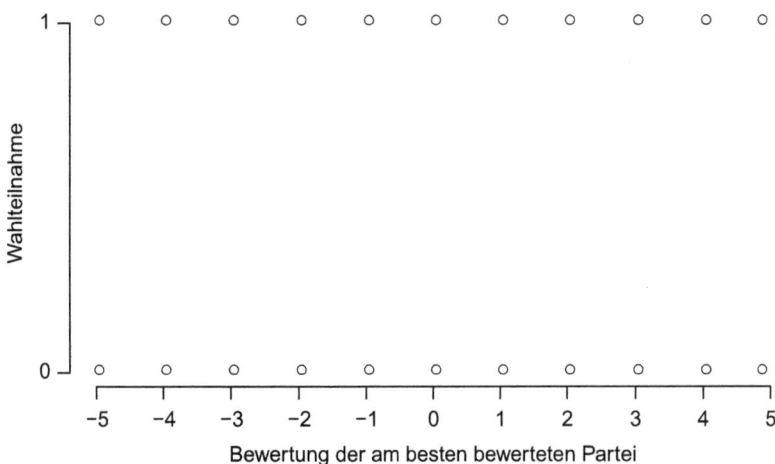

Abb. 2.4 Streudiagramm über den Zusammenhang zwischen Wahlteilnahme und Parteienbewertung

Problem kann man umgehen, indem man die Werte „jittered", also leicht „verzittert". In der Graphik erscheinen also nicht die tatsächlichen Werte, sondern die gezeichneten Werte sind zufällig um den wahren Wert herum verteilt[5]. In Abb. 2.5 sind die „gejitterten" Werte dargestellt.

Die gejitterte Graphik gibt sicherlich schon deutlich besseren Aufschluss über die Natur des Zusammenhangs. Es ist klar zu erkennen, dass es eine massive Häufung von Werten im Bereich rechts oben gibt, d. h. die Absicht zur Wahlteilnahme ist dort besonders stark ausgeprägt, wo eine positive Bewertung des Parteiensystems vorliegt, ganz so, wie es unsere Hypothese in diesem Fall auch vorausgesagt hat.

Noch eindeutiger lässt sich die Verteilung der 0- und 1-Werte der abhängigen Variablen zusammenfassend darstellen, indem man direkt die bedingten Mittelwerte der abhängigen Variablen einträgt, also die gruppenspezifischen Mittelwerte der abhängigen Variablen mit der unabhängigen Variablen als Gruppierungsvariablen. Man kann dann noch zusätzlich die durch eine lineare Regression geschätzte Gerade in die grafische Darstellung legen, wie es in Abb. 2.6 gemacht wird.

---

[5] Die „jitter"-Funktion von R, die ich hier verwende, zieht für die Verteilung der gejitterten Werte eine Gleichverteilung in einem spezifizierbaren Intervall heran, so dass die Ansammlungen der um einen Wert gruppierten gejitterten Werte in einem Rechteck um diesen auftreten.

14   2 Lineare Regression und das Modell der linearen Wahrscheinlichkeit

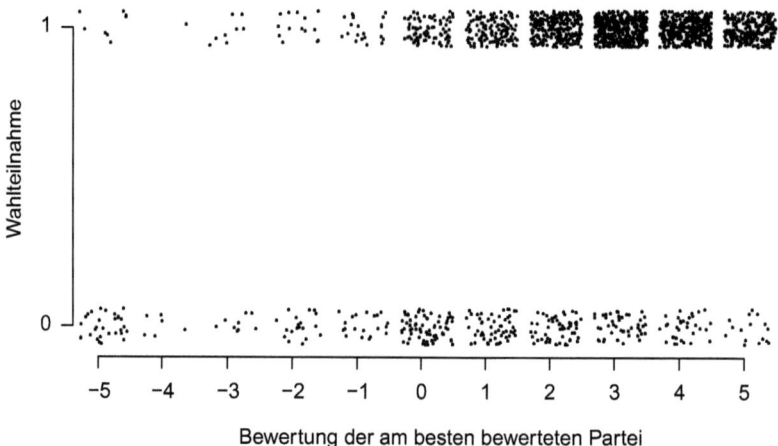

Abb. 2.5 Streudiagramm mit gejitterten Werten über den Zusammenhang zwischen Wahlteilnahme und Parteienbewertung

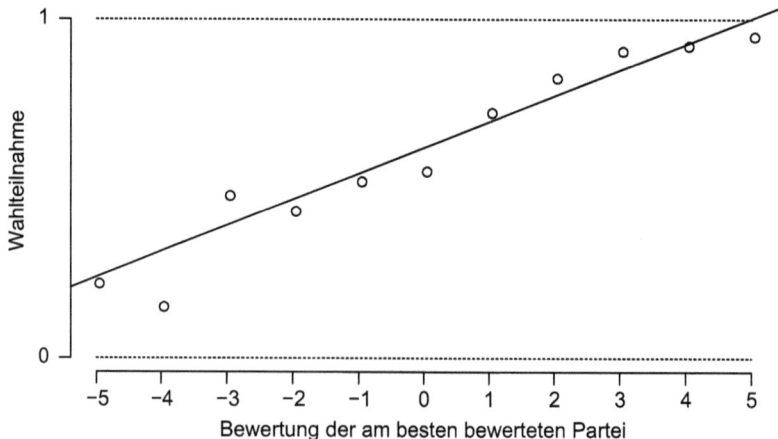

Abb. 2.6 Anteil der Befragten mit Wahlteilnahmeabsicht in Abhängigkeit von Parteienbewertung mit durch lineare Regression geschätzten Regressionslinie

Die konzeptuelle Problematik der Anwendung der linearen Regression lässt sich an einem anderen empirischen Beispiel desselben Datensatzes noch besser illustrieren. Die abhängige Variable ist die Wahl der CDU mit der Zweitstimme, die unabhängige Variable ist die Differenz der Sympathiebewertungen für CDU und SPD. Da es um einen Vergleich der Wahlabsicht zu Gunsten einer der beiden gro-

2 Lineare Regression und das Modell der linearen Wahrscheinlichkeit

Tab. 2.3 Kreuztabelle: Zusammenhang zwischen CDU-Wahl und Differenz der Sympathiebewertung von CDU und SPD

	Differenz zwischen CDU- und SPD-Sympathiebewertung																				
	−10	−9	−8	−7	−6	−5	−4	−3	−2	−1	0	1	2	3	4	5	6	7	8	9	10
SPD	9	3	18	13	32	46	49	50	65	33	30	8	9	1	3	0	1	0	1	0	0
CDU	0	0	0	0	0	0	2	0	0	3	20	50	93	60	64	52	53	35	23	11	6

Tab. 2.4 Zusammenhang zwischen CDU-Wahl und Differenz der Sympathiebewertung von CDU und SPD, dargestellt in Spaltenprozentzahlen

	Differenz zwischen CDU- und SPD-Sympathiebewertung									
	−10	−9	−8	−7	−6	−5	−4	−3	−2	−1	0
SPD	100,0	100,0	100,0	100,0	100,0	100,0	96,1	100,0	100,0	91,7	60,0
CDU	0	0	0	0	0	0	3,9	0	0	8,3	40,0

	1	2	3	4	5	6	7	8	9	10
SPD	13,8	8,8	1,6	4,5	0,0	1,9	0,0	4,2	0,0	0,0
CDU	86,2	91,2	98,4	95,5	100,0	98,1	100,0	95,8	100,0	100,0

ßen Volksparteien geht, gehen in die Analyse nur Fälle ein, die eine Wahlabsicht zu Gunsten einer der beiden Parteien geäußert haben. Der Wert „0" der abhängigen Variablen bedeutet demnach, dass der Befragte eine Wahlabsicht für die SPD geäußert hat. Wenig überraschend fällt die Wahlabsicht für die CDU gegenüber der für die SPD desto höher aus, je größer die Differenz der Sympathiebewertung der beiden Parteien zu Gunsten der CDU ausfällt (Tab. 2.3, 2.4).

Sowohl das Streudiagramm als auch die Darstellung der durch die Ausprägungen der unabhängigen Variablen bedingten Mittelwerte der abhängigen Variablen zeigen den starken Zusammenhang graphisch anschaulich (Abb. 2.7).

Die Gleichung der Regressionsgerade lautet:

Wahrscheinlichkeit für Wahl der CDU = 0,50 + 0,09 × Differenz

Obwohl die Regressionsgerade ca. 65 % der Varianz der abhängigen Variablen erklärt, ist das konzeptuelle Problem der Analyse auf Anhieb mit dem bloßen Auge erkennbar. Obwohl die Wahrscheinlichkeit auf einen Wertebereich zwischen 0 und 1 beschränkt ist, es sich also um Modelle mit „limited dependent variables" (Long 1997) handelt, schneidet die Regressionsgerade die obere und untere Begrenzungslinie des Bereichs der zulässigen Werte ungefähr bei −5,5 und +5,5. Die mit Hilfe des linearen Wahrscheinlichkeitsmodells geschätzten Werte für die Wahrscheinlichkeit der CDU-Wahl sind größer als 1, wenn die Distanz größer als 5,5 Skalenpunkte auf der Sympathieskala beträgt, und kleiner als 0, wenn die Distanz kleiner

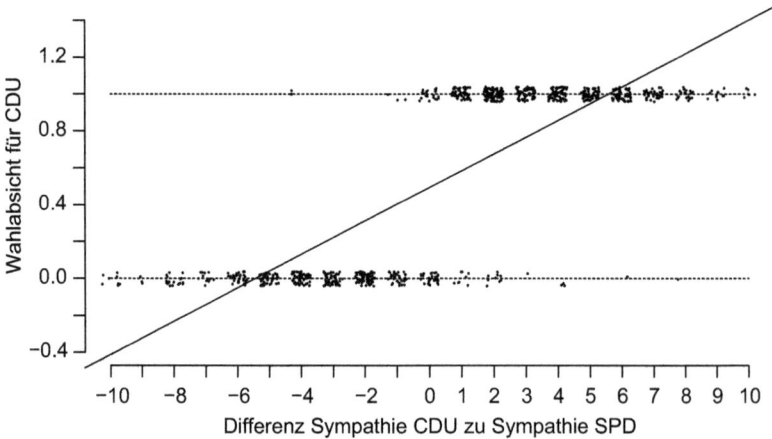

Abb. 2.7 Wahlabsicht für CDU in Abhängigkeit von Differenz der Sympathiebewertung von CDU und SPD

als −5,5 Skalenpunkte ist, wenn also die SPD um mindestens 5,5 Punkte besser bewertet wird als die CDU.

Die Idee der Regressionsanalyse besteht darin, den Mittelwert für jede Gruppe, die durch die unabhängige Variable gebildet wird, so gut wie möglich zu schätzen, wobei diese Schätzwerte – im Gegensatz zu einer Varianzanalyse – gleichzeitig dadurch beschränkt sind, dass sie durch eine Funktion in der unabhängigen Variablen abgebildet werden. Auf diese Weise kann die Regressionsanalyse eingesetzt werden, um mit Hilfe der Kenntnis der unabhängigen Variablen eine Prognose hinsichtlich des aufgrund des funktionalen Zusammenhangs erwarteten Wertes der abhängigen Variablen abzugeben. Ist die abhängige Variable beschränkt, d. h. kann sie sich nur innerhalb bestimmter Grenzen bewegen, dann ist eine lineare Funktion für eine Prognose oder Schätzung offensichtlich ungeeignet. Denn wenn man einen nach unten und oben offenen Wertebereich der unabhängigen Variablen annimmt, wenn sich also der Definitionsbereich der Funktion von $-\infty$ bis $+\infty$ erstreckt, dann nimmt auch die abhängige Variable Werte von $-\infty$ bis $+\infty$ an, außer die Steigung der Gerade ist gleich 0. Befinden sich alle geschätzten Werte eines linearen Wahrscheinlichkeitsmodells innerhalb des zulässigen Bereichs, wie es z. B. in Abb. 2.6 der Fall ist, so ist dies lediglich der Beschränkung der realen Werte der unabhängigen Variablen auf einen Bereich geschuldet, in dem auch die Werte der entsprechenden Regressionsgerade nicht die Grenzen von 0 und 1 überschreiten. In diesen Fällen führt zwar auch die lineare Regressionsanalyse zu durchaus brauchbaren Ergebnissen, sobald wir aber den Sättigungsbereich noch innerhalb der Bandbreite von

2 Lineare Regression und das Modell der linearen Wahrscheinlichkeit   17

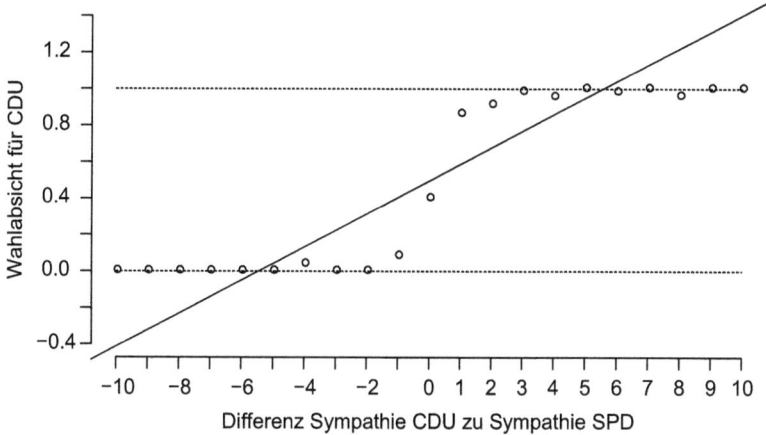

Abb. 2.8 Anteil der Befragten mit Wahlabsicht für CDU in Abhängigkeit von Differenz der Sympathiebewertung von CDU und SPD

realistisch zu erwartenden Werten der unabhängigen Variablen erreichen, stößt die lineare Regression offenkundig an ihre Grenzen und ihr Einsatz zur Schätzung der abhängigen Variablen ist nicht sinnvoll.

Die hervorstechende Eigenschaft einer linearen Funktion besteht darin, dass ihre Steigung konstant ist. Die Steigung einer Funktion aber drückt den Effekt aus, den eine Veränderung der unabhängigen Variablen auf die abhängige Variable ausübt. Im Falle von linearen Funktionen ist dieser Effekt, den X auf Y ausübt, an jeder Stelle immer gleich groß. Dies ist auch der wesentliche Grund für die große Beliebtheit von linearen Modellen, da sie sehr leicht und anschaulich zu interpretieren sind. Wie in Abb. 2.8 jedoch unmittelbar zu erkennen ist, verläuft der Zusammenhang zwischen der Wahlabsicht für die CDU und der Differenz der Sympathiebewertung nicht linear. Einen erkennbaren Effekt übt die Differenz nur im mittleren Bereich zwischen −2 und +3 aus. Links und rechts davon tritt eine Art von Sättigungseffekt ein. Bei einem Sympathievorsprung von 3 Punkten der CDU vor der SPD äußern schon annähernd alle Wahlberechtigten eine Wahlabsicht für die CDU, ein noch größerer Sympathievorsprung kann sich daher kaum noch positiv auf die Wahlabsicht für die CDU auswirken. Umgekehrt äußern fast alle Befragten eine Wahlabsicht für die SPD, wenn diese mindestens zwei Punkte besser bewertet wird als die CDU. Dieses Ergebnis ist auch theoretisch durchaus einleuchtend. Mittlere Differenzen zwischen der Sympathie für CDU und SPD, wenn also beide Parteien annähernd gleich gut bewertet werden, determinieren das Wahlverhalten noch nicht eindeutig. Hier können spezifische Faktoren wie die Bewertung der Kandidaten oder die inhaltliche Positionierung der Parteien auf für die Befragen wichtigen Issues einen Sympathievorsprung aufwiegen, so dass die Wahlabsichten zwischen den Parteien verteilt sind. *Doch gerade weil in diesem mittleren Bereich die Wahlabsicht nicht hundertprozentig durch die Sympathiedifferenz determiniert ist, übt diese hier den größten Effekt aus, d. h. Veränderungen der Sympathiedifferenz bewirken hier die größten Veränderungen hinsichtlich der Verteilung der Wahlabsicht.* Allgemein gilt, dass der Zusammenhang nichtlinearer Art ist, bzw. dass der Effekt, den die unabhängige Variable auf die abhängige Variable ausübt, je nach dem Ort auf der Kurve, den wir betrachten, verschieden ist. Je näher die Kurve ihren Sättigungsgrenzen von 0 und 1 kommt, desto geringer ist der Effekt, am stärksten ist er im Übergangsbereich in der Mitte. Ist also der Y-Wert nahe bei 1, wird eine Änderung von X nur einen geringfügigen Effekt auf Y ausüben. Den stärksten Effekt übt X auf Y an der Stelle der Kurve aus, wenn Y bei 0,5 liegt. Bei einer bivariaten Analyse, wenn nur eine einzige unabhängige Variable X in die Funktion eingeht und somit der Wert von Y ausschließlich durch X erklärt wird, bedeutet dies, dass der Effekt, den X auf Y ausübt, durch den Wert von X an dieser Stelle bestimmt ist.

Die in Abb. 2.8 erkennbare Funktion weist eine spezifische Form von Nichtlinearität auf, die noch weiter beschrieben werden kann. Auch wenn der Effekt, den die unabhängige Variable auf die abhängige ausübt, variiert, so besitzt er doch immer dasselbe Vorzeichen. Die Kurve ist zwar auf einen Bereich zwischen 0 und 1 beschränkt, sie nimmt aber kontinuierlich zu oder ab. Gehen die X-Werte gegen $+\infty$ oder $-\infty$, so konvergiert die Kurve gegen 0 oder 1. Nahe an den Grenzen ist die Steigung der Kurve, die ja den Effekt von X auf Y widerspiegelt, annähernd 0. Formal lassen sich diese Bedingungen folgendermaßen darstellen:

Infobox 2.1: Eigenschaften einer S-förmigen Kurve

Sei $Y = f(X)$

$f'(X) > 0$ und $\lim_{X \to \infty} f(X) \to 1$ und $\lim_{X \to -\infty} f(X) \to 0$

Oder

$f'(X) < 0$ und $\lim_{X \to \infty} f(X) \to 0$ und $\lim_{X \to -\infty} f(X) \to 1$

$\lim_{X \to \infty} f'(X) \to 0$ und $\lim_{X \to -\infty} f'(X) \to 0$

Es existiert genau ein Wert von X mit: $f''(X) = 0$

2 Lineare Regression und das Modell der linearen Wahrscheinlichkeit   19

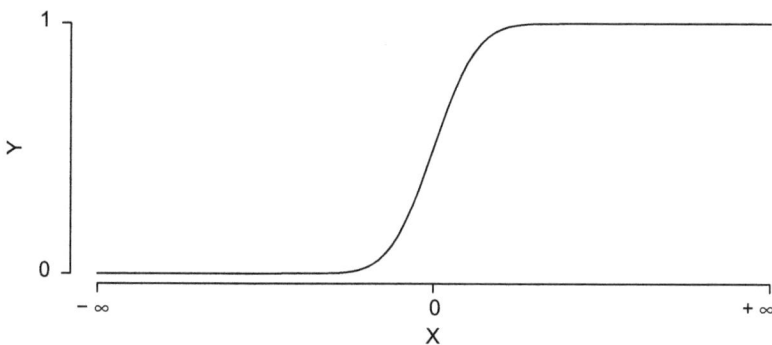

Abb. 2.9 Logitfunktion

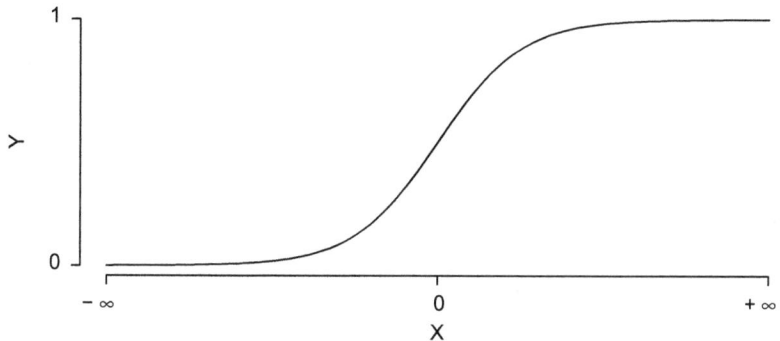

Abb. 2.10 Probitfunktion

Die letzte Eigenschaft sagt aus, dass die Funktion nur einen Wendepunkt besitzt. Der Kurventyp, der sich hierdurch ergibt, ist eine sogenannte S-Kurve oder S-förmige (S-shaped) Kurve, da sie entfernt an die Form des Buchstabens „S" erinnert. Prototypische und auch die bekanntesten Vertreter dieser Kurvenform sind die logistische Funktion und die Probit-Funktion. Die Probit-Funktion ist nichts Anderes als die kumulierte Wahrscheinlichkeitsdichtefunktion bzw. die Verteilungsfunktion der Normalverteilung (Abb. 2.9, 2.10).

Jede S-förmige Kurve ist im rein pragmatischen Sinn offensichtlich besser geeignet, einen Funktionsverlauf wie den in Abb. 2.8 anzunähern und damit geeignete Schätzwerte der abhängigen Variablen auf Grund der Kenntnis des Wertes der unabhängigen Variablen zu liefern, als eine lineare Funktion. Eine lineare Funktion widerspricht der 2. Bedingung einer korrekten Modellspezifikation, da der untersuchte Zusammenhang in Fällen mit einer begrenzten abhängigen Variablen gar nicht linear sein kann. S-förmige Kurven stellen, wenn die in Kasten 2.1 genannten Eigenschaften für den zwischen unabhängiger und abhängiger Variablen unterstellten Zusammenhang zutreffen, immer eine zumindest gute Annäherung an die Form der Beziehung zwischen unabhängiger und abhängiger Variable dar, selbst dann, wenn ihre funktionale Form der theoretischen Form der Beziehung zwischen unabhängiger und abhängiger Variablen nicht wirklich entsprechen sollte. Allerdings wissen wir dies eigentlich nie bei empirischen Zusammenhängen, also auch nicht bei den ganz normalen Anwendungen linearer Regressionsmodelle. Die einzige Aussage, die wir verlässlich treffen können, ist die, dass wir mit Hilfe des unterstellten statistischen Modells hinreichend gute Schätzungen der abhängigen Variablen auf Basis der Information der unabhängigen Variablen liefern können, dass es gerechtfertigt scheint davon auszugehen, *als ob* der untersuchte Zusammenhang tatsächlich auch die unterstellte Form hätte. Entscheidend ist lediglich, dass die unterstellte Form der Beziehung auch theoretisch Sinn ergibt, sowie dass die auf ihrer Annahme beruhenden Schätzungen nicht auf weiteren Annahmen beruhen, die im klaren Widerspruch zu den gemachten Beobachtungen stehen. Es verbleibt bei der Wahl des angemessenen statistischen Modells daher immer ein nicht unerheblicher Spielraum, der unter pragmatischen Aspekten wie der Einfachheit der Durchführung und der Leichtigkeit und Verständlichkeit der Interpretation der Ergebnisse genutzt werden kann. In diesem Sinne erweisen sich logistische Funktionen als eine besonders attraktive Alternative der Modellwahl bei S-förmigen Kurven und erfreuen sich daher ihrer großen Popularität.

Nur weil die Funktion nicht linear ist, heißt dies nicht zwingend, dass die OLS-Schätzmethode nicht angewandt werden darf. Allerdings sind beim Modell der linearen Wahrscheinlichkeit die hierfür notwendige Bedingungen ebenfalls nicht erfüllt. Dies liegt daran, dass die Werte der abhängigen Variablen lediglich zwei Ausprägungen annehmen. Für welche konkrete Schätzfunktion man sich auch entscheiden mag, der geschätzte Wert für die abhängige Variable ist der einer Wahrscheinlichkeit, während die tatsächlich auftretenden Werte 0 oder 1 sind. Nehmen wir an, der relative Anteil der Y-Werte mit „1" für einen bestimmten X-Wert sei P und der geschätzte Wert für die Wahrscheinlichkeit von Y = 1 für diesen X-Wert sei ebenfalls P, d. h. die Wahrscheinlichkeit bzw. der Mittelwert der 0-1-Werte von Y wird korrekt geschätzt. Dann beträgt der Fehler bezüglich des konkret beobachteten Wertes von Y, der ja entweder 1 oder 0 ist, entweder 1-P, nämlich genau dann, wenn der beobachtete Wert tatsächlich gleich 1 ist, oder P, was genau dann der Fall ist, wenn der tatsächliche Wert gleich 0 ist. Außerdem tritt der erste Fehler mit einer Wahrscheinlichkeit von P auf, der zweite mit einer von 1-P. Es gibt also lediglich zwei konkrete Werte des Fehlers, die jeweils mit einer bestimmten Wahrscheinlichkeit auftreten. Der Fehler ist daher binomialverteilt und nicht normalverteilt. Damit genügt jedes Schätzmodell für eine dichotome Variable nicht der fünften Bedingung, dass die Fehler normalverteilt sein müssen, um das OLS-Verfahren anzuwenden. Des Weiteren gilt für die Varianz der Fehler:

$$\sigma_e^2 = P(1-P)^2 + (1-P)P^2 = P(1-P) \qquad \text{GL (2.4)}$$

Die Varianz des Fehlers der Schätzung hängt also vom Wert von P ab. Ist P z. B. 0,5, dann beträgt sie 0,25, ist P hingegen 0,9, beträgt sie 0,09. Da verschiedene P-Werte die Funktionswerte verschiedener Werte der unabhängigen Variablen sein müssen, ist somit auch die vierte Bedingung des Vorliegens von Homoskedastizität verletzt.

Fazit: Die Anwendung des einfachen linearen Regressionsmodells in Form des Modells der linearen Wahrscheinlichkeit auf Untersuchungen, bei denen die Y-Variable dichotomer Natur ist, ist ungeeignet. Dies betrifft sowohl die konkrete Form der geschätzten Funktion als auch das angewandte OLS-Verfahren zur Bestimmung der Koeffizienten der „wahren" Gleichung. Angemessen ist hingegen die Annahme einer S-förmigen Kurve, wenn der Einfluss, den die unabhängige Variable auf die begrenzte abhängige Variable ausübt, der Form von Abb. 2.8 ist. Die Schätzung dieser S-förmigen Kurve muss dann mit einem anderen Verfahren als OLS durchgeführt werden.

Das Logit-Modell 3

Das erste Problem, das bei der Untersuchung des Zusammenhangs zwischen einer dichotomen abhängigen Variablen und einer oder mehreren intervallskalierten und kontinuierlichen unabhängigen Variablen auftritt, besteht in der Suche nach einer geeigneten Gleichung für diesen Zusammenhang bzw. für eine geeignete Form der Gleichung. Einfache lineare Gleichungen wie im Fall der linearen Wahrscheinlichkeit scheiden aus den im vorigen Kapitel genannten Gründen aus. Wir suchen nach einer S-förmigen Funktion. Allerdings gilt es hier zu unterscheiden zwischen im engeren Sinne linearen Funktionen, die auch als im Wesen lineare Funktionen bezeichnet werden können, und Funktionen, bei denen es möglich ist, die auf eine bestimmte Weise transformierte abhängige Variable als lineare Funktion der unabhängigen Variablen darzustellen. Das normale lineare Regressionmodell ist insofern auch „im Wesen" linear, als der Zusammenhang zwischen abhängiger und unabhängiger Variablen selbst direkt als lineare Funktion dargestellt werden kann. D. h. die Variablen, so wie sie uns im theoretischen Sinn als relevant erscheinen, können so wie sie sind, d. h. ohne weitere Transformationen, in einen linearen Zusammenhang gebracht werden. Lineare Funktionen haben den großen Vorteil, dass sie sehr leicht zu interpretieren sind. Daher ist es nützlich, auch dann, wenn man keine im Wesen lineare Funktion vorliegen hat, die abhängige Variable zumindest so transformieren zu können, dass diese transformierte Variable dann als lineare Funktion der unabhängigen Variablen dargestellt werden kann. Umgekehrt kann man aber genauso die originale abhängige Variable bzw. den Erwartungswert derselben für eine bestimmte Kombination von Werten der unabhängigen Variablen als (nichtlineare) Funktion des linearen Terms, der aus den unabhängigen Variablen gebildet wird, darstellen. Dies ist die Logik des sogenannten allgemeinen linearen Modells (GLM für generalized linear model).

Am einfachsten ist es, man beginnt mit der sogenannten *Responsefunktion* (vgl. Fahrmeir et al. 2007, S. 190). Ganz allgemein stellt diese den bedingten Mittelwert μ bzw. Erwartungswert der Y-Variablen für eine bestimmte Linearkombination der unabhängigen Variablen X dar.

$$E(Y) = \mu = h(\beta_0 + \beta_1 X) \qquad \text{GL (3.1)}$$

Um kenntlich zu machen, dass wir bei einer dichotomen Variablen einen Anteilswert bzw. die (theoretische) Wahrscheinlichkeit, mit der der Wert 1 auftritt, meinen, ist es üblich das griechische mathematische Symbol μ für den Parameterwert des Mittelwerts durch das Symbol π zu ersetzen.

$$E(Y) = \pi = h(\beta_0 + \beta_1 X) \qquad \text{Gl (3.2)}$$

In Bezug auf die Responsfunktion gilt es also, eine Funktion zu finden, die einen linearen Term in eine Wahrscheinlichkeit umsetzt. Eine inzwischen sehr verbreitete und beliebte Möglichkeit der Interpretation der logistischen Funktion besteht darin, diese mit Hilfe des Konzepts einer sogenannten latenten Variablen zu erklären. Diese latente Variable wird üblicherweise als Y* bezeichnet. Diese latente Variable Y* verhält sich zum linearen Term wie die beobachteten Y-Werte in einer linearen Regression zu den durch das Regressionsmodell vorausgesagten. Der Wert der latenten Variablen setzt sich also aus der Linearkombination von X und einer Fehlerkomponente zusammen, die latente Variable streut mit diesem Fehler um den Wert des linearen Terms. Die Abbildung der latenten Variablen auf die dichotome Variable Y geschieht dann mit einer sogenannten Schwellenfunktion, wobei dieser in der Regel auf den Wert 0 gesetzt wird. Erzielt Y* einen höheren Wert als den Schwellenwert, dann erhält Y den Wert 1, ist Y* kleiner als der Schwellenwert, dann ist Y gleich 0. Die Werte von Y werden also als diskrete Realisierungen der latenten Variablen angesehen, wobei diese wiederum einer linearen Funktion aus X entspricht, allerdings eben mit einem Fehler versehen. Daher kommt es bei dem Schwellenwert zu keinem abrupten Übergang der Y-Werte von 0 zu 1, sondern zu einem abgedämpften probabilistischen[1].

Um eine lineare Funktion in X zu erhalten, muss jetzt die Umkehrfunktion der Responsefunktion h gebildet werden. Diese wird mit g bezeichnet und produziert demnach, mit π als Argument, den linearen Term.

$$g(\pi) = h^{-1}(\pi) = \beta_0 + \beta_1 X \qquad \text{Gl (3.3)}$$

---

[1] Eine detailliertere formale Darstellung des Konzepts der latenten Funktion und der Bedeutung der Fehlerkomponente findet sich im fünften Kapitel.

3 Das Logit-Modell

Die Funktion g wird als *Link-Funktion* bezeichnet (vgl. Ramsey und Schafer 2002, S. 584; Fahrmeir et al. 2007, S. 190), da sie die Linearkombination von X mit dem Erwartungswert von Y verbindet. Der Wert, der sich durch die Linearkombination $\beta_0 + \beta_1 x$ ergibt, wird als *linearer Prädiktor* bezeichnet und z. B. mit ω dargestellt. Es gilt also:

$$g(\pi) = \omega = \beta_0 + \beta_1 x \qquad \text{Gl (3.4)}$$

Wir suchen jetzt also nach einer Funktion, die eine Wahrscheinlichkeit in einen Wert transformiert, der seinerseits wieder als einfache lineare Funktion der unabhängigen Variablen X ausgedrückt werden kann. Die lineare Regressionsanalyse eignet sich immer dann, wenn die abhängige und die unabhängigen Variablen mindestens intervallskaliert sind, und die abhängige Variable im Prinzip unbegrenzt ist und einen kontinuierlichen Wertebereich hat, d. h. die abhängige Variable kann im Prinzip jeden beliebigen Wert einer reellen Zahl annehmen. Welche Methode soll man aber anwenden, wenn die abhängige Variable eine Kategorialvariable darstellt, bei weiterhin intervallskalierten unabhängigen Variablen? Gehen wir zuerst vom denkbar einfachsten Fall aus, dass die abhängige Variable nur zwei diskrete Ausprägungen besitzt. Der Einfachheit halber wandeln wir den einen Wert in „1", den anderen in „0" um. Eine „1" ist dann so zu interpretieren, dass das Untersuchungsobjekt eine bestimmte Eigenschaft besitzt, eine „0" hingegen sagt aus, dass das Untersuchungsobjekt diese Eigenschaft nicht aufweist. Der Zusammenhang zwischen der unabhängigen Variablen (oder einer Linearkombination mehrerer unabhängiger Variablen) und der abhängigen Variablen soll derart sein: Je höher der Wert der unabhängigen Variablen ausfällt, desto größer ist die Wahrscheinlichkeit, dass ein Untersuchungsobjekt mit dieser Ausprägung der unabhängigen Variablen eine „1" als Ausprägung der abhängigen Variablen besitzt. Umgekehrt gilt: Je niedriger der Wert der unabhängigen Variablen, desto geringer fällt die Wahrscheinlichkeit aus, dass ein Untersuchungsobjekt mit dieser Ausprägung der unabhängigen Variablen eine „1" als Ausprägung der abhängigen Variablen besitzt, bzw. desto höher die Wahrscheinlichkeit, dass die Ausprägung der abhängigen Variablen „0" beträgt. Als Indikator für die bedingte Wahrscheinlichkeit innerhalb einer Kategorie der unabhängigen Variablen wird die relative Häufigkeit der „1"-Ausprägungen an allen Fällen in dieser Kategorie angesehen. Das heißt, die zu schätzende Variable ist diese Wahrscheinlichkeit $P(Y = 1 | X = x_i)$ oder einfach $P(Y = 1)$ oder noch einfacher π und nicht der diskrete Wert von Y selbst in Abhängigkeit von X. Damit ist die abhängige Variable zwar im Prinzip wieder kontinuierlich, allerdings nur auf einem Intervall mit den (ausgeschlossenen) Grenzen 0 und 1. Ein erster Schritt besteht darin, dass wir statt der Wahrscheinlichkeit π die Odds von π nehmen, die manchmal auch als

Tab. 3.1 Ausgewählte Odds für bestimmte Wahrscheinlichkeiten

$\pi = P(Y=1)$	0,001	0,01	0,10	0,20	0,30	0,40	0,5	0,6	0,7	0,8	0,9	0,99	0,999
$1-\pi = P(Y=0)$	0,999	0,99	0,90	0,80	0,70	0,60	0,5	0,4	0,3	0,2	0,1	0,01	0,001
Odds(π)	0,001	0,01	0,11	0,25	0,43	0,67	1	1,5	2,33	4	9	99	999

Chancenverhältnis oder relatives Risiko oder einfach nur Chance[2] (vgl. Fahrmeir et al. 2007, S. 31, 194) bezeichnet werden und folgendermaßen definiert sind:

$$\text{Odds}(\pi) = \frac{\pi}{1-\pi} = \frac{P(Y=1)}{1-P(Y=1)} = \frac{P(Y=1)}{P(Y=0)} \qquad \text{Gl (3.5)}$$

Tabelle 3.1 gibt die Odds für bestimmte Wahrscheinlichkeiten wieder:
Der Wertebereich der Odds von π geht jetzt von 0 bis $+\infty$. Jetzt benötigen wir noch eine Transformation, die einen derartigen Definitionsbereich auf einen Wertebereich von $-\infty$ bis $+\infty$ abbildet. Eine solche Funktion steht uns in der Form des natürlichen Logarithmus zur Verfügung, denn durch die Logarithmierung der Odds von π erhalten wir schließlich eine Transformation von π, so dass sich die transformierte Variable auf einen Wertebereich von $-\infty$ bis $+\infty$ erstreckt. Die so berechnete endgültige Variable nennen wir den Logit von π.

$$\text{Logit}(\pi) = \ln[\text{Odds}(\pi)] = \ln\left[\frac{\pi}{1-\pi}\right] \qquad \text{Gl (3.6)}$$

Da sich die so konstruierte Variable auf denselben Wertebereich erstreckt wie die X-Variable, können wir einen Funktionsverlauf der folgenden Art unterstellen:

$$\text{Logit}(\pi) = \omega = \beta_0 + \beta_1 x \qquad \text{Gl (3.7)}$$

Für diese Funktion lassen sich dann mit geeigneten Verfahren die Koeffizienten β_0 und β_1 schätzen. Die Link-Funktion, die wir gesucht haben, um die Wahrscheinlichkeit π mit dem linearen Prädiktor $\beta_0 + \beta_1 x$ zu verbinden, kann also mit der Logitfunktion ausgedrückt werden. Die Odds transformieren den ursprünglichen Wertebereich von π von 0 bis 1 in einen von 0 bis $+\infty$ und durch die Logarith-

---

[2] Der Begriff der Chance sollte nur mit größter Vorsicht verwendet werden, da er im Deutschen leicht missverstanden werden kann. Die Chance bzw. die Odds eines Ereignisses stellen das Verhältnis von Eintrittswahrscheinlichkeit zu Nichteintrittswahrscheinlichkeit dieses Ereignisses dar und eben nicht die Wahrscheinlichkeit selbst dieses Ereignisses. Darauf sollte immer wieder bei Verwendung dieser Begriffe explizit hingewiesen werden.

3 Das Logit-Modell

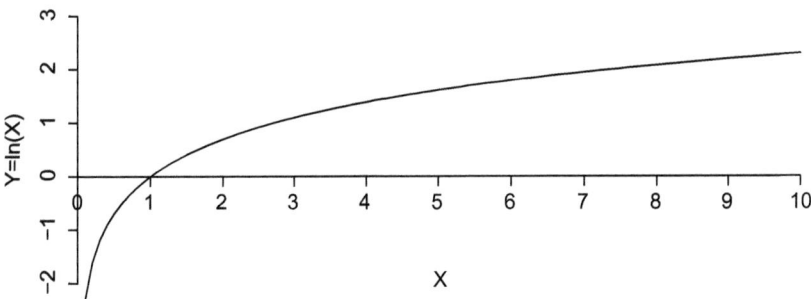

Abb. 3.1 Die logarithmische Funktion

mierung der Odds gelangen wir schließlich zu einem Wertebereich, der von $-\infty$ bis $+\infty$ geht. Es ließen sich aber natürlich noch beliebig viele andere Transformationen ausdenken, die diese Umwandlung des Wertebereichs ebenfalls bewirken würden. Die Logitfunktion ist also eine mögliche Linkfunktion, aber keineswegs die einzige. Um nun π als Funktion der latenten Variablen ω darzustellen, die als Linearausdruck $\beta_0 + \beta_1 x$ ausgedrückt wird, muss man nur die Gleichung auf beiden Seiten mit der Umkehrfunktion „multiplizieren".

$$\pi = \text{Logit}^{-1}(\omega) = \text{Logit}^{-1}(\beta_0 + \beta_1 x) = h(\omega) = h(\beta_0 + \beta_1 x) \qquad \text{Gl (3.8)}$$

Die Responsefunktion h, mit der der lineare Prädiktor ω in π abgebildet wird, ist also die Umkehrfunktion der Logitfunktion. Um dies nun explizit auszudrücken, ist es notwendig, sich kurz die wesentliche Eigenschaft der Logarithmusfunktion klar machen (Abb. 3.1).

Die Funktion $Y = \ln(X)$ schneidet die Y-Achse bei $X = 1$ und ist streng monoton steigend. Der natürliche Logarithmus von X ist die Zahl mit der die Eulersche Zahl e (ungefähr 2,72) potenziert werden muss, um X zu erhalten. Anders ausgedrückt:

$$Y = \ln(X) \Leftrightarrow e^Y = X \qquad \text{Gl (3.9)}$$

Man erhält also die Exponentialfunktion, wenn man in der Logarithmusfunktion X und Y vertauscht und danach nach Y auflöst und umgekehrt. Graphisch gesehen sind die beiden Funktionen daher spiegelbildlich zur Winkelhalbierenden durch den 1. Quadranten des durch X und Y aufgespannten Koordinatensystems (Abb. 3.2).

Der natürliche Logarithmus ist die Umkehrfunktion der Exponentialfunktion, d. h. die beiden Funktionen neutralisieren sich gegenseitig. Insbesondere gilt:

$$\ln(e^x) = x \quad \text{bzw.} \quad e^{\ln(x)} = x \qquad \text{Gl (3.10)}$$

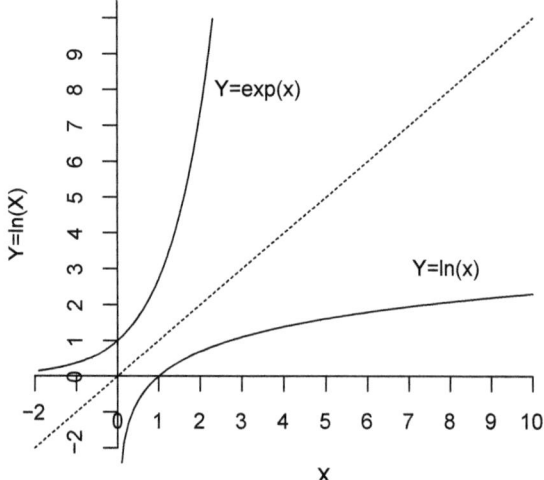

Abb. 3.2 Exponentialfunktion und logarithmische Funktion

Bei der Exponentialfunktion bzw. allen Potenzfunktionen verändern sich die Y-Werte in einem bestimmten Verhältnis, wenn sich X um eine Einheit erhöht. Für die Potenzfunktion $Y = 2^X$ z. B. gilt, dass sich die Y-Werte jedesmal verdoppeln, wenn der Wert von X um 1 erhöht wird. Verhältnissen auf der Y-Achse entsprechen Differenzen auf der X-Achse. Bei den Logarithmusfunktionen ist es dementsprechend genau umgekehrt, Verhältnissen auf der X-Achse entsprechen Abstände auf der Y-Achse. Um den Y-Wert um jeweils eine Einheit erhöhen zu können, muss der X-Wert mit einem bestimmten Faktor vervielfacht werden. Der Y-Wert von $X = 1$ ist gleich 0. Wenn ich X auf 2 verdopple, erhalte ich als entsprechenden Y-Wert den (natürlichen) Logarithmus von 2, das ist ungefähr 0,693. Anders ausgedrückt: Die Eulersche Zahl e bzw. 2,72, potenziert mit 0,693, ergibt 2 bzw. $e^{0,693} = 2,72^{0,693} = 2$. Um Y noch einmal um denselben Betrag zu erhöhen, muss ich X noch einmal verdoppeln. Es gilt also $\ln(2 \times 2) = \ln(4) = 2 \times 0,693 = 1,386$. Dieser Zusammenhang ergibt sich allgemein aus den folgenden Rechenregeln für Logarithmen:

Wenn wir jetzt als Argumente in die Logarithmusfunktion die Odds einsetzen, erhalten wir beispielhaft für einige ausgewählte Werte die folgenden Ergebnisse (Tab. 3.2).

Die zur Logit-Funktion transformierten Werte von Y sollen durch eine lineare Funktion von X geschätzt werden, d. h. der Effekt, den die X-Variable auf die transformierte Y-Variable ausübt, soll an jeder Stelle gleich groß sein. Genau dies haben wir erreicht, indem wir die ursprünglichen Wahrscheinlichkeiten in Logits

3 Das Logit-Modell

> **Infobox 3.1: Rechenregeln für Logarithmen**
>
> $$\ln(a \times b) = \ln(a) + \ln(b) \quad \text{Gl (3.11)}$$
>
> $$\ln(a^b) = b \times \ln(a) \quad \text{Gl (3.12)}$$
>
> aus Gl. 3.12 folgt
>
> $$\ln(a^{-1}) = -1 \times \ln(a) \quad \text{bzw.} \quad \ln\frac{1}{a} = -\ln(a) \quad \text{Gl (3.13)}$$
>
> aus Gl. 3.11 und 3.13 folgt
>
> $$\ln\left(\frac{a}{b}\right) = \ln(a \times b^{-1}) = \ln(a) - \ln(b) \quad \text{Gl (3.14)}$$

transformiert haben. Betrachten wir den „neutralen Ausgangspunkt", in dem die Wahrscheinlichkeiten von $Y=1$ und $Y=0$ gleich, also beide 0,5 sind. Der Effekt der unabhängigen Variablen ist offensichtlich gleich groß, wenn sich $P(Y=1)$ auf 0,8 oder $P(Y=0)$ auf 0,8 erhöht, lediglich die Richtung des Effekts ist in den beiden Fällen verschieden. Erhöht sich $P(Y=1)$ auf 0,8 dann erhöhen sich die Odds von 1 auf 0,8/0,2, also auf 4. Erhöht sich $P(Y=0)$ auf 0,8 dann erniedrigen sich die Odds von 1 auf 0,2/0,8, also auf 1/4. Der gleich große, aber umgekehrt wirkende Effekt einer Änderung der X-Variablen bewirkt also in einem Fall den Anstieg der Odds auf das Vierfache des Ausgangswertes, im anderen Fall einen Abfall auf ein Viertel. Wenn nun die Odds logarithmiert werden, dann entspricht die Änderung der Odds um einen Faktor der Änderung der logarithmierten Werte um einen bestimmten Differenzbetrag. Dabei zeigt Gl. 3.13, dass es für das Ausmaß der Differenz, also

Tab. 3.2 Logitwerte für bestimmte Wahrscheinlichkeiten

$\pi = P(Y=1)$	1/9	1/5	1/3	0,5	2/3	4/5	8/9
$1-\pi = P(Y=0)$	8/9	4/5	2/3	0,5	1/3	1/5	1/9
$\text{Odds}(\pi) = \dfrac{\pi}{1-\pi}$	1/8	1/4	1/2	1	2	4	8
$\ln(\text{Odds}(\pi)) = \ln\left(\dfrac{\pi}{1-\pi}\right)$	−2,079	−1,386	−0,693	0	0,693	1,386	2,079

das Ausmaß der Veränderung des Logarithmus unerheblich ist, ob wir den Ausgangswert mit dem Faktor multiplizieren oder dividieren. Dies ist lediglich für das Vorzeichen der Veränderung von Bedeutung. Der Logarithmus von 4 z. B. ist gleich 1,386, der Logarithmus von ¼ ist hingegen –1,386. Eine Veränderung der X-Variable um eine Einheit, ob nach links oder nach rechts, bewirkt somit die gleiche absolute Änderung der Logits von π. Der Logarithmus ist die Funktion, die die „Verzerrung" der Effekte von X auf die Odds wieder neutralisiert. Anders ausgedrückt: Der Effekt einer Veränderung von X auf die Odds von π muss so beschaffen sein, dass eine Logarithmierung der Odds wieder als lineare Funktion in X dargestellt werden kann, so dass eine Veränderung von X um einen bestimmten Betrag eine lineare Veränderung der logarithmierten Odds, also der Logits von π nach sich zieht. Da die Logarithmusfunktion jedoch die Multiplikation des Arguments der Funktion mit einem bestimmten Faktor in die Zu- oder Abnahme des Funktionswerts um einen bestimmten Betrag überführt, heißt dies, dass die Veränderung der X-Variable um einen bestimmten Betrag die Odds von π um einen bestimmten Faktor verändern muss. Hat man sich also dazu entschlossen, dass auf der ersten Stufe eine Veränderung von X um einen bestimmten Betrag einer Multiplikation der Odds mit einem bestimmten Faktor entsprechen soll, also ein Abstand in ein Produkt umgewandelt werden soll, dann ist auf der zweiten Stufe die Transformation der Odds in ihre logarithmierten Werte die logische Konsequenz, da hier wieder ein Produkt in einen Abstand verwandelt wird. Umgekehrt aber folgt aus der Bedingung, dass die logarithmierten Odds von π eine lineare Funktion in X sein sollen, dass sich die Odds in einem bestimmten Verhältnis ändern müssen, wenn X um einen bestimmen Betrag zu- oder abnimmt.

Inwiefern aber die logistische Funktion den tatsächlichen Kausalzusammenhang adäquat abbildet, hängt damit von der Angemessenheit der ersten Transformation in Odds ab, d. h.: Ist es sinnvoll, anzunehmen, dass wir dann von einem gleich großen Effekt von X sprechen können, wenn sich die Odds in einem bestimmten Verhältnis ändern? Ist der kausale Effekt von X auf Y tatsächlich dann genau so groß, wenn sich die Odds von 1 auf 2 oder von 2 auf 4 ändern, bzw. wenn sich die dazugehörige Wahrscheinlichkeit π von Y = 1 von 0,5 auf 2/3 = 0,667 bzw. von 2/3 auf 4/5 = 0,8 ändern? Tatsächlich gibt es eine Interpretation des Zusammenhangs bzw. ein Modell des kausalen Effekts von X auf Y, nach dem eine Veränderung der Odds um einen bestimmten Faktor auch einer bestimmten Größe des kausalen Effekts entspricht. Dies ist die Interpretation der Logit-Funktion im Sinne der Verhulst'schen Wachstumsfunktion.

Infobox 3.2: Inhaltliche Interpretationen der logistischen Funktion als Wachstumsfunktion nach Verhulst

Es gibt verschiedene Möglichkeiten der Begründung, warum die logistische Funktion tatsächlich aus inhaltlichen, theoretischen Gründen die angemessene Modellierung eines Zusammenhangs ist. Einer der ältesten Kontexte, in denen logistische Funktionen vorkommen, sind Wachstumskurven. Während Exponentialfunktionen die angemessene Form der Darstellung unbeschränkten Wachstums sind, geben logistische Funktionen das Wachstum wieder, wenn es sich um beschränkte Ressourcen handelt, oder wenn es sich um das Verändern relativer Anteile in einer Population aufgrund verschiedener Wachstumsraten handelt. Dies hängt mit der engen Verwandtschaft von Logarithmen mit Exponentialfunktionen, also Wachstumsfunktionen zusammen.

Nehmen wir z. B. an, wir hätten eine Startpopulation, in der die Angehörigen der Gruppe A genauso häufig vertreten sind wie die der Gruppe B. Wenn wir die Anteile im Sinne von Wahrscheinlichkeiten interpretieren, dass ein zufällig ausgewähltes Element i der Startpopulation einer bestimmten Gruppe angehört, dann ist $P(i \in A) = P(i \in B)$. Da A und B sich einerseits gegenseitig ausschließen und gleichzeitig alle Elemente entweder zu A oder B gehören, können wir problemlos das Auftreten von A als das kritische Ereignis bezeichnen, so dass im Sinne unserer bisherigen Terminologie gilt: $\pi = P(i \in A)$ und $1 - \pi = P(i \in B)$. Die Odds von π sind daher in der Startaufstellung gleich 1. Nehmen wir nun des Weiteren an, dass sich die Angehörigen der Population A innerhalb einer bestimmten Zeitperiode verdreifachen, während sich die Angehörigen der Gruppe B in derselben Zeitperiode nur verdoppeln. Die beiden entsprechenden Wachstumskurven sind in Abb. 3.3 dargestellt. Das Verhältnis der Anteile von A zu B an der Gesamtpopulation beträgt daher nach einer Zeitperiode 3/2, nach zwei Zeitperioden 9/4 etc. Umgekehrt muss dann das Verhältnis eine Zeitperiode vor dem Ausgangspunkt 2/3, zwei Zeitperioden zuvor 4/9 betragen haben etc. Dies entspricht aber offensichtlich genau den Odds, bzw. dem Verhältnis, in dem sich die Odds verändern. Wenn man sich nun vorstellt, dass die Gesamtpopulation insgesamt nicht zunimmt (d. h. die Nahrungsmenge ist restringiert), dann überlebt immer nur ein Teil der nächsten Generation. Man kann sich z. B. vorstellen, dass nur manche in die Nähe von Nahrungsvorräten kommen. Wenn sich die Überlebenswahrscheinlichkeiten in beiden Gruppen nicht unterscheiden, dann reduziert sich die nächste Generation für beide Gruppen proportional, so dass wieder die Ausgangsgröße erreicht

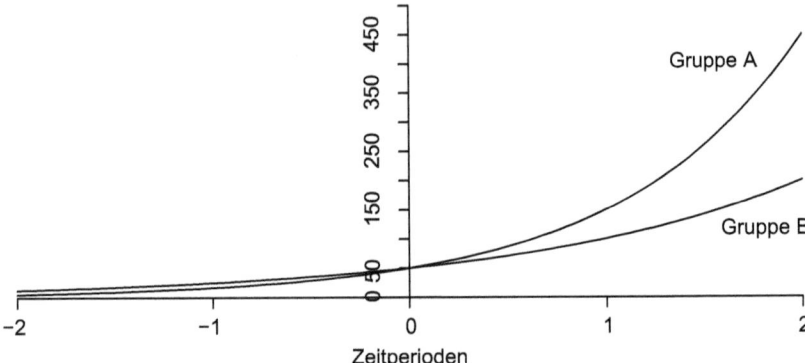

Abb. 3.3 Wachstumskurven zweier Gruppen A und B mit unterschiedlichen Wachstumsraten

wird. Ursprünglich betrug der Anteil von A und B jeweils 50 %. Da sich die Population von A verdreifacht, entspricht dies einem „Anteil" von 150 % der Ausgangspopulation, die nächste Generation von B entspricht 100 % der ursprünglichen Population usw. Insgesamt wächst also die Population in der nächsten Generation auf 250 % der vorigen Generation an. Wenn aber die Gesamtpopulation konstant bleiben soll, kann im Schnitt nur jeder 2,5te überleben, d. h. der Anteil der Überlebenden, die zu A gehören, entspricht 150/2,5 = 60 % und der Anteil der Überlebenden, die Mitglied von B sind, macht 100/2,5 = 40 % der zweiten Generation aus. Dies entspricht wieder dem Verhältnis der Wachstumsraten von 3/2, jetzt normiert auf jeweils 100 %. Die Berechnung von Populationsanteilen bei unterschiedlichen Wachstumsraten ist also vollkommen äquivalent zur Berechnung von gewonnenen Anteilen an einer restringierten Menge. Eine solche Kurve, die das relative Wachstum zweier Populationen bei beschränkten Ressourcen angibt, nennt man die Verhulst'sche Wachstumsfunktion (vgl. Urban 1993, S. 106 ff.). Das Verhältnis der Populationsanteile der beiden Gruppen A und B verändert sich von Periode zu Periode im Verhältnis der beiden Wachstumsraten. Da A eineinhalb mal so schnell wächst wie B, verändert sich also das Verhältnis der Anteile jeweils um den Faktor 1,5. Der Verlauf des Anteils der Gruppe A für die nächsten zehn Zeitperioden und die zehn vorhergehenden Zeitperioden im Vergleich zum Referenzzeitpunkt 0, an dem beide Gruppen jeweils 50% der Gesamtpopulation ausmachen, ist in Abb. 3.4 zu sehen. Die Kurve ist also eine ganz normale logistische Funktion.

3 Das Logit-Modell   33

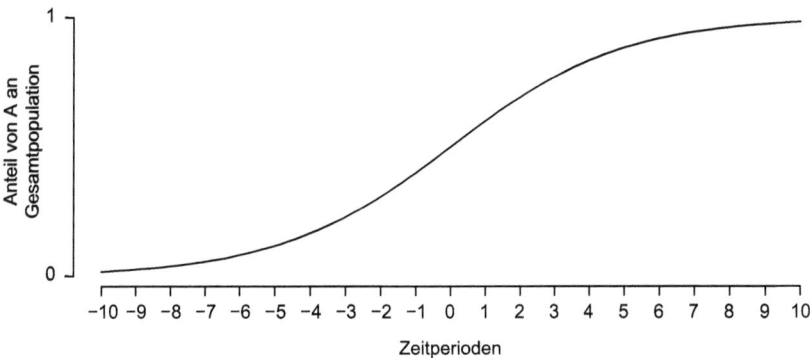

Abb. 3.4 Anteil der Gruppe A mit schnellerer Wachstumsrate an Gesamtpopulation

Die Verhulst'sche Wachstumsfunktion liefert also ein sehr plausibles Modell für die theoretische Interpretation einer logistischen Funktion. Wenn sich die Zunahme von X um jeweils einen Skalenpunkt dahingehend auswirkt, dass die Verbreitung der Y-Werte 1 in einem konstanten Verhältnis zur Verbreitung der Y-Wert 0 stattfindet, dann verändern sich die Odds in einem bestimmten Verhältnis, das entsprechend dieser Auffassung als die Stärke des Einflusses von X auf Y interpretiert werden kann. Dies wird noch deutlicher, wenn wir die Odds direkt als Funktion von X ausdrücken. Für die Logits gilt folgende Beziehung:

$$\text{Logit}(\pi) = \ln[\text{Odds}(\pi)] = \ln\left[\frac{\pi}{1-\pi}\right] = \beta_0 + \beta_1 x \qquad \text{Gl (3.15)}$$

Da die Exponentialfunktion die Umkehrfunktion der Logarithmusfunktion ist und diese daher „neutralisiert", gilt:

$$e^{\ln|\text{Odds}(\pi)|} = \text{odds}(\pi) = \frac{\pi}{1-\pi} = e^{\beta_0 + \beta_1 x} \qquad \text{Gl (3.16)}$$

Die Odds von π sind also eine Funktion der Exponentialfunktion des linearen Prädiktors. Man kann also eine Veränderung von X als Effekt auf die Odds interpretieren, wenn man die zur Basis e potenzierten Werte von X als unabhängige Variable heranzieht. Dies lässt sich leicht illustrieren. Sei x_0 der Ausgangswert von X und $x_1 = x_0 + 1$ der um 1 erhöhte Wert von X. Dann gilt:

$$e^{\beta_0+\beta_1 x_0} = \frac{\pi_0}{1-\pi_0}$$

$$e^{\beta_0+\beta_1 x_1} = \frac{\pi_1}{1-\pi_1}$$

$$e^{\beta_0+\beta_1 x_1} = e^{\beta_0+\beta_1(x_0+1)} = e^{\beta_0+\beta_1 x_0+\beta_1} = e^{\beta_0+\beta_1 x_0} \times e^{\beta_1}$$

$$\Rightarrow \qquad\qquad\qquad\qquad\qquad\qquad\qquad\qquad\qquad\qquad \text{Gl (3.17)}$$

$$\frac{\pi_1}{1-\pi_1} = e^{\beta_1} \times \frac{\pi_0}{1-\pi_0} \quad \text{bzw.} \quad e^{\beta_1} = \frac{\dfrac{\pi_1}{1-\pi_1}}{\dfrac{\pi_0}{1-\pi_0}} = \frac{Odds(\pi_1)}{Odds(\pi_0)}$$

Wird X um eine Einheit erhöht, erhöht sich der Wert der Exponentialfunktion des Linearausdrucks von X um die Potenz von e mit dem Steigungskoeffizienten β_1 von X im Linearausdruck als Exponenten. Der zur Basis e potenzierte Wert von β_1 wird als *Effektkoeffizient* von X bezeichnet. Wie in Gl. 3.17 zu sehen ist, gibt er das Verhältnis an, in dem sich die Odds von π verändern. Der Quotient aus dem neuen Wert der Odds und dem alten Wert der Odds wird daher als *Odds-Ratio* bezeichnet. Da der Ausdruck e^β gleich 1 ist, wenn $\beta = 0$, größer als 1, wenn $\beta > 0$, und kleiner als 1, wenn $\beta < 0$, bedeuten positive Werte von β, dass die Odds steigen, wenn X zunimmt, während negative Werte von β aussagen, dass eine Zunahme von X zu einer Abnahme der Odds führt. Bei einem β-Wert von ca. 0,69 beträgt e^β, also der Effektkoeffizient, ungefähr 2. Dies gibt dann die Odds-Ratio an, also das Verhältnis, in dem sich die Odds von π ändern, wenn X um eine Einheit zunimmt. Die konstante multiplikative Veränderung der Odds aber bedeutet eine unterschiedliche Veränderung der Wahrscheinlichkeiten von π, je nachdem von welchem Wert von π und daher auch der Odds man ausgeht. Für die anschauliche Interpretation des Effektkoeffizienten geht man daher am besten von einem herausgehobenen Wert von π aus. Beliebt ist hier der Wert 0,5 von π, da dann auch die Odds mit dem Wert 1 einen sehr anschaulichen Wert annehmen. Geht man von dem dazugehörigen X-Wert also um eine Einheit nach rechts, verdoppeln sich die Odds auf 2, was einer Wahrscheinlichkeit von π von 2/3 entspricht, bewegt man sich um eine weitere Einheit auf der X-Achse, wachsen die Odds wieder mit dem Faktor 2 auf 4 an, was einer Wahrscheinlichkeit des Auftretens von Y = 1 von 4/5 entspricht. Allgemein lassen sich die Odds auf folgende Weise in die dazugehörigen Wahrscheinlichkeiten umrechnen:

3 Das Logit-Modell

$$Odds(\pi) = \frac{\pi}{1-\pi}$$
$$\pi = Odds(\pi) \times (1-\pi)$$
$$\pi + \pi \times Odds(\pi) = Odds(\pi) \qquad \text{Gl (3.18)}$$
$$\pi = \frac{Odds(\pi)}{1+Odds(\pi)}$$

Durch Einsetzen gelangt man so unmittelbar zur Darstellung von π als Funktion von X.

$$P(Y=1) = \pi = \pi(x) = \frac{e^{\beta_0 + \beta_1 x}}{1 + e^{\beta_0 + \beta_1 x}} \qquad \text{Gl (3.19)}$$

Analog dazu gilt:

$$P(Y=0) = 1 - \pi = 1 - \pi(x) = 1 - \frac{e^{\beta_0 + \beta_1 x}}{1 + e^{\beta_0 + \beta_1 x}} = \frac{1}{1 + e^{\beta_0 + \beta_1 x}} \qquad \text{Gl (3.20)}$$

Es gibt also drei äquivalente Weisen, die logistische Kurve zu beschreiben, entweder in der Form von Logits, der von Odds oder der von Wahrscheinlichkeiten (vgl. auch Menard 2010, S. 15). Die Form der Beschreibung in Wahrscheinlichkeiten ist uns vertraut und erlaubt ein intuitives Verständnis der Werte der abhängigen Variablen. Allerdings ist der Zusammenhang zwischen abhängiger Variable und unabhängiger Variable eine relativ komplexe Formel, die man intuitiv nur schwer erfassen kann, so dass sich der Effekt von X auf die Veränderung von π nur schwer anschaulich ausdrücken lässt. Modellieren wir die abhängige Variable als Logits, dann können wir zwar die Funktion in der anschaulichsten und einfachsten aller Formen, nämlich der linearen, ausdrücken. Wir verfügen aber über kein gutes intuitives Verständnis von Logits. Der Weg in der „Mitte", die Darstellung des Effekts von X auf die abhängige Variable in Form von Odds-Ratios, stellt dabei eine gute Brücke zwischen einem intuitiven Verständnis der Form, in der wir die abhängige und unabhängige Variable ausdrücken, und der Form des Zusammenhangs, wie X auf π wirkt, dar. Denn einerseits stellt der Effektkoeffizient eine relativ simple Transformation des Originalkoeffizienten von X innerhalb des linearen Terms für die Prädiktorvariable ω dar, andererseits ist die Interpretation der Wirkung von X auf π in Form einer Veränderung der Odds von π noch relativ anschaulich und zumindest in einfache beispielhafte Illustrationen anhand auffälliger Werte übersetzbar. Auf das Problem der Interpretation des Effekts der unabhängigen Variablen auf die abhängige in einer logistischen Funktion allerdings werde ich später noch genauer eingehen. Als Abschluss dieses Kapitels bleibt lediglich festzuhalten, dass wir über drei äquivalente formale Darstellungen der logistischen Funktion verfügen.

Das Maximum-Likelihood-Verfahren zur Schätzung der Logitfunktion 4

Die spezifische Form der Logitfunktion ist eindeutig durch die Koeffizienten des linearen Ausdrucks, die wir auch als Parameter bezeichnen, definiert. Um nun die Logitfunktion zu finden, die die beobachteten Y-Werte am besten an die durch die Funktion auf Basis der X-Werte vorausgesagten Y-Werte anpasst, was im Englischen als *fit* bzw. *model fit* bezeichnet wird, müssen wir die Koeffizienten finden, die die Anpassung optimieren. Um zu einem eindeutigen Ergebnis zu gelangen, benötigen wir daher zuerst ein Maß für die Güte der Anpassung, sogenannte *Goodness of fit*-Maße. Danach legen wir die Koeffizienten so fest, dass die Anpassung im Sinne des gewählten Goodness-of fit-Maßes maximiert wird. Offensichtlich ist die Anpassung desto besser, je geringer die vorausgesagten Wert von den tatsächlich beobachteten abweichen. Da die Abweichung als Vorhersagefehler interpretiert werden kann, sind geeignete Goodness-of-fit-Maße also solche, die diesen Fehler minimieren. Je geringer der Fehler, desto besser die Anpassung bzw. desto höher der Wert des Goodness-of-Fit-Maßes. Ohne uns endgültig auf die genaue Form des Goodness-of-fit-Maßes festzulegen, was im übernächsten Kapitel geschehen soll, können wir dennoch von einer bestmöglichen angepassten (fitted) Funktion sprechen, wenn der Fehler, den wir bei der Vorhersage der tatsächlich beobachteten Werte auf Basis der durch die vorgeschlagene Funktion vorhergesagten Werte machen, so gering wie möglich ist. Da es bei der Anpassung der Funktion an die beobachtete Punktewolke immer um dieselbe Punktewolke geht, d. h. der Vergleich verschiedener Funktionen bzw. Parameterwerte, durch die die Funktionen konstituiert werden, sich immer auf dieselben beobachteten Werte bezieht, ist es im Prinzip unerheblich, ob wir die Summe der Prognosefehler über alle beobachteten Werte oder den durchschnittlichen Fehler betrachten, um die Güte der Schätzung zweier potentieller Parameterkandidaten miteinander zu vergleichen. Aus praktischen Gründen hat es sich durchgesetzt, die Summe der Fehler, also den Gesamtfehler der Schätzung hier als Grundlage für den Vergleich zu nehmen. Das einfachste und bekannteste Fehlermaß der Schätzung ist die sogenannten Fehlerquadratsumme oder die „sum of squares", die bei linearen Modellen angewandt werden. Die „sum of squares" entsprechen dabei der Summe der quadrierten Abweichungen der durch das Modell geschätzten Werte von Y, also den $\hat{Y}$ in Gl. 2.3, von den tatsächlich beobachteten Werten von Y.

Zur Schätzung des Logit-Modells, das ja in einer linearen Form vorliegt, könnten wir nun zuerst einmal ebenfalls versucht sein, die Schätzung der mit Hilfe der Logit-Funktion transformierten Y-Werte durch eine lineare Funktion in X mit Hilfe der OLS-Methode vorzunehmen. Dies entspricht der durchaus verbreiteten Vorgehensweise, das OLS-Modell auch bei der Schätzung anderer nichtlinearer Funktionen einzusetzen, wie z. B. quadratischen Gleichungen oder Funktionen, bei denen die abhängige oder/und die unabhängige(n) Variablen transformiert werden, bevor die lineare Regressionsmethode mit OLS angewandt wird. In der Literatur wird hierbei unterschieden, ob eine Funktion im substanziellen Sinne linear oder nur in den Parametern linear ist. Von substanzieller Linearität bzw. wesensmäßiger Linearität sprechen wir dann, wenn die Beziehung zwischen abhängiger und unabhängiger Variable selbst eine linearer Form hat, also im klassischen Fall einer Gleichung der Art $Y = a + bX$ entspricht. Eine im Wesen nichtlineare Beziehung zwischen Y und X besteht jedoch dann, wenn X oder Y transformiert werden, wie z. B. bei $\ln(Y) = a + bX$ oder $Y = a + b_1 X + b_2 X^2$. Die Beziehung zwischen den transformierten Variablen bzw. den Prädiktoren, die diesen transformierten Variablen entsprechen, und der abhängigen Variablen aber ist weiterhin durchaus linear, man spricht dann davon, dass die Beziehung linear in den Parametern ist (vgl. Berry und Feldman 1985, S. 53). In die OLS-Schätzung gehen dann alle Fälle in entsprechend transformierter Form ein, d. h. wir verfügen z. B. bei einer Funktion wie $\ln(Y) = a + X$ über die klassische Punktewolke der transformierten Y-Variablen und der ursprünglichen X-Variablen. Bezüglich der Logit-Transformation von Y-Werten aber besteht das Problem, dass diese Werte für die Werte 1 und 0 der Y-Variablen nicht definiert sind. Die Odds eines einzigen Y-Wertes mit $Y = 1$ wären gleich $+\infty$, der Logarithmus davon ebenfalls $+\infty$. Die Odds des entsprechenden Wertes von $Y = 0$ wären 0, der Logarithmus von 0 ist aber ebenfalls nicht definiert und geht gegen $-\infty$.

Da mit der Funktion im Grunde ja die bedingten Mittelwerte bzw. die relativen Häufigkeiten von Y geschätzt werden sollen, könnte man die Logittransformation auf die relativen Anteile der Werte von Y mit $Y = 1$ in Abhängigkeit von einer bestimmten Ausprägung von X vornehmen. Als Beispiel nehme ich die Werte aus Tab. 2.2 bzw. Abbildung 2.6. Auf die entsprechenden relativen Häufigkeiten wird dann die Logittransformation durchgeführt und mit diesen als abhängiger Variablen eine klassische lineare Regressionsanalyse durchgeführt (Abb. 4.1).

Die geschätzten Werte für die Logitwerte von Y können dann wieder in Wahrscheinlichkeitswerte zurückverrechnet werden. Da die Logitwerte ja dem Linear-

4 Das Maximum-Likelihood-Verfahren zur Schätzung der Logitfunktion

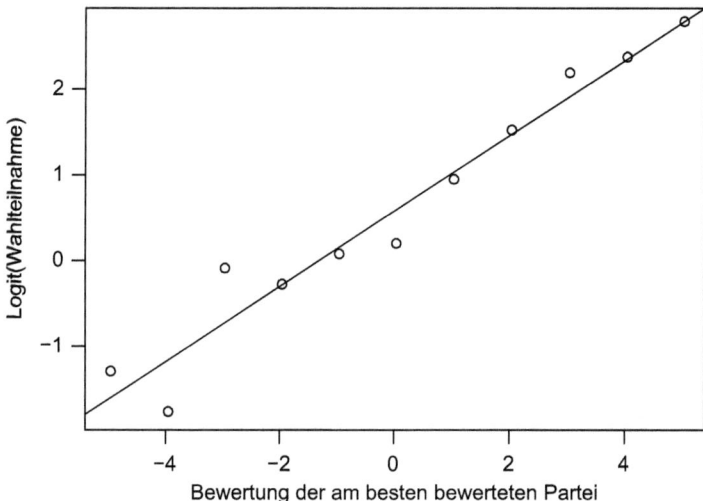

Abb. 4.1 Logit(Wahlteilnahme) in Abhängigkeit von Parteiverdrossenheit als lineare Regression mit OLS

term in X entsprechen, kann dieser einfach in Gleichung 3.19 entsprechend substituiert werden.

$$P(Y=1) = \pi = \pi(x) = \frac{e^{\text{Logit}(\pi)}}{1+e^{\text{Logit}(\pi)}} \qquad \text{Gl (4.1)}$$

Das Ergebnis ist in Abb. 4.2 zu sehen. Tatsächlich scheint die gefundene Kurve die Mittelwerte sehr gut zu approximieren. Allerdings behandeln wir jetzt eine Gruppe von Werten wie einen einzigen Fall und verlieren dementsprechend Informationen. Die Unzulänglichkeit der Schätzmethode wird noch klarer, wenn wir das Beispiel aus Tab. 2.4 und Abb. 2.8 verwenden, bei dem wir die Wahlabsicht zu Gunsten der CDU vs. der zu Gunsten der SPD mit der Sympathiedifferenz zwischen den beiden Parteien erklärt haben. Zum Einen hätten wir dann wieder das obige Problem, dass die relative Häufigkeit in manchen Gruppen gleich 1 oder 0 ist, so dass wir diese Werte nicht in Odds bzw. Logits transformieren könnten. Wir ersetzen daher die Extremwerte „1" und „0" durch „0,999" und „0,001" und nehmen dann analog zu oben die OLS-Schätzung der Logitwerte durch X vor und erhalten das Ergebnis in Abb. 4.3.

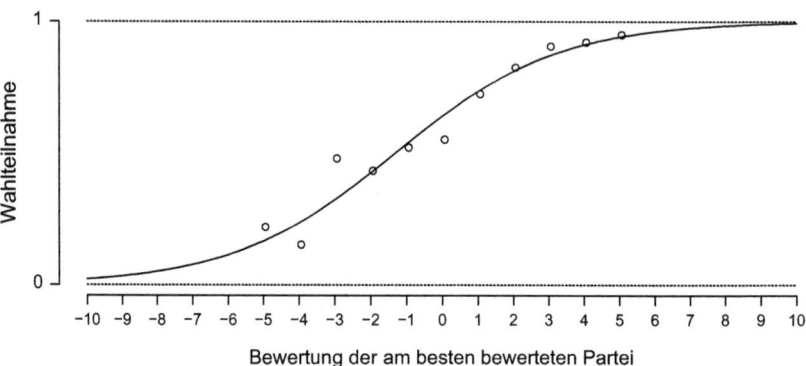

Abb. 4.2 Schätzung einer logistischen Kurve mit OLS

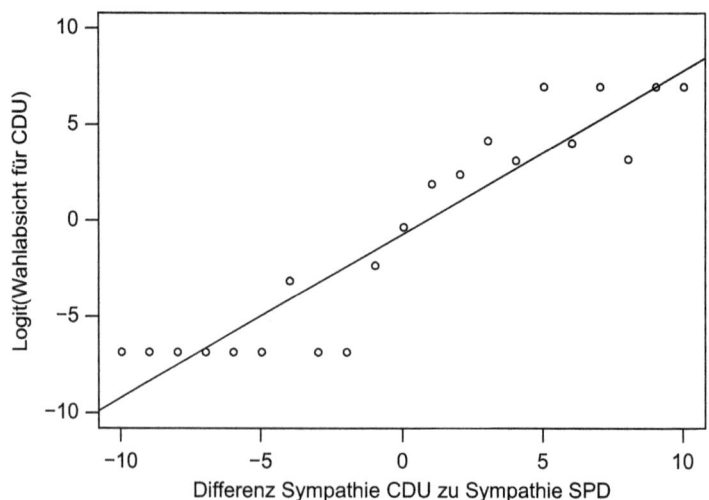

Abb. 4.3 Wahlabsicht für CDU in Abhängigkeit von Sympathiedifferenz

Die Transformation in Wahrscheinlichkeiten ergibt Abb. 4.4. Das Ergebnis ist, wie schon mit bloßem Auge erkennbar ist, nicht sehr günstig. Auch hier ist das wesentliche Problem die Gleichgewichtung der Gruppen für die Analyse, obwohl ihre Besetzung sehr unterschiedlich ausfällt und dementsprechend die Abweichungen ebenfalls unterschiedlich stark berücksichtigt werden müssten. Doch selbst wenn man dieses Problem mit sogenannten WLS-Metheden (für „Weighted Least

4 Das Maximum-Likelihood-Verfahren zur Schätzung der Logitfunktion 41

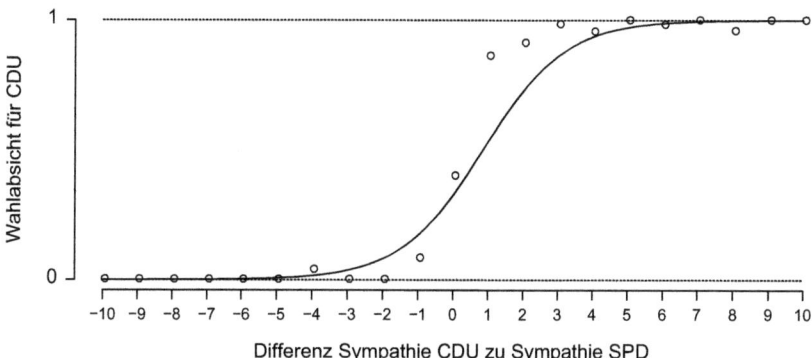

Abb. 4.4 Schätzung einer logistischen Kurve mit OLS, CDU-Wahl in Abhängigkeit von Sympathiedifferenz zu SPD

Squares") zu beheben versuchen würde, so wären immer noch mehrere der am Anfang von Kap. 2 genannten Bedingungen verletzt, unter anderem die Bedingung der Homoskedastizität und die der Normalverteilung der Fehler. Die Schätzung der logistischen Regression mit Hilfe der linearen Regression und OLS oder auch WLS ist also in jedem Fall fehlerhaft.

Wir müssen uns also eines anderen Verfahrens zur Schätzung der Koeffizienten bedienen. Eine Lösung ist das so genannte Maximum-Likelihood-Verfahren (ML), bei dem die Parameter nicht unmittelbar analytisch, sondern durch iterative Annäherung gefunden werden. Die Logik des Maximum-Likelihood-Verfahrens besteht darin, diejenige Parameterkonstellation zu finden, unter der das Auftreten der tatsächlich gemachten Beobachtungen am wahrscheinlichsten ist. Je unwahrscheinlicher es ist, dass das gewählte Modell die tatsächlichen Beobachtungen hervorrufen könnte, desto größer der Schätzfehler. Die Wahrscheinlichkeit verhält sich invers zum Fehler. Werden z. B. alle Beobachtungen jeweils mit hundertprozentiger Wahrscheinlichkeit korrekt vorausgesagt, dann ist auch die Gesamtwahrscheinlichkeit, dass alle Werte korrekt zugeordnet werden, gleich 1, während der Fehler offensichtlich gleich 0 ist. Ist die Wahrscheinlichkeit hingegen sehr gering, dass das Modell alle Werte korrekt klassifiziert, denn bei der logistischen Regression geht es ja nur darum, den Wert 0 oder 1 der Y-Variablen richtig zuzuordnen, dann ist der Fehler offensichtlich sehr groß. Das OLS-Verfahren ist nur ein Spezialfall des ML-Verfahrens beim Vorliegen besonders günstiger Bedingungen, z. B. die Verteilung der Fehler betreffend.

Wir können die einem ML-Verfahren zugrundeliegende Logik auf folgende Weise formalisieren: Für jede Person existiert ein Prognosevektor **P**, der die aufgrund des Modells geschätzten Wahrscheinlichkeiten P(Y = 1) und P(Y = 0) als Elemente enthält.

$$\mathbf{P} = \begin{pmatrix} P(Y=1) \\ P(Y=0) \end{pmatrix} = \begin{pmatrix} P(Y=1) \\ 1-P(Y=1) \end{pmatrix} = \begin{pmatrix} \pi \\ 1-\pi \end{pmatrix} \qquad \text{Gl (4.2)}$$

Die richtige Klassifikation eines bestimmten Falles bzw. einer bestimmten Beobachtung kann wie ein Zufallsexperiment betrachtet werden. Die Wahrscheinlichkeit P(Y = 1) bzw. π, mit der wir für ein bestimmtes Element der untersuchten Verteilung den Wert „1" prognostizieren, kann so interpretiert werden, als ob wir aus einer Lotterie mit n Losen, die aus $\pi \times n$ Losen mit dem Wert „1" und $(1-\pi) \times n$ Losen mit dem Wert „0" besteht, ein Los zufällig ziehen, dessen Wert dann der prognostizierte Wert ist.

Des Weiteren existiert ein Vektor **O**, der die tatsächlich beobachteten Ausprägung von Y angibt, die sich gegenseitig ausschließend entweder 0 oder 1 betragen.

$$\mathbf{O} = \begin{pmatrix} Y \\ 1-Y \end{pmatrix} \text{d.h. } \mathbf{O} = \begin{pmatrix} 1 \\ 0 \end{pmatrix} \Leftrightarrow Y = 1 \text{ und } \mathbf{O} = \begin{pmatrix} 0 \\ 1 \end{pmatrix} \Leftrightarrow Y = 0 \qquad \text{Gl (4.3)}$$

Das Skalarprodukt aus diesen beiden Vektoren ergibt die Trefferwahrscheinlichkeit T, d. h. die Wahrscheinlichkeit, mit der ein bestimmter Fall der richtigen Kategorie zugeordnet wird.

$$T = \mathbf{P}^t \circ \mathbf{O} \qquad \text{Gl (4.4)}$$

mit

$$T = P(Y=1) = \pi \text{ wenn } Y = 1$$
$$T = P(Y=0) = 1 - \pi \text{ wenn } Y = 0$$

Die Wahrscheinlichkeit, mit der die tatsächlich vorliegende Verteilung der Y-Werte von „1"en und „0"en aufgrund eines bestimmten Schätzverfahrens richtig geschätzt wird, wird als *Likelihood*, die entsprechende Funktion als *Likelihoodfunktion* bezeichnet. Die korrekte Identifikation verschiedener Fälle aber sind *unabhängige Ereignisse*, d. h. die Wahrscheinlichkeit des Auftretens des einen Ereignisses wird nicht vom Auftreten des anderen beeinflusst. Nach dem Multiplikationstheorem der Wahrscheinlichkeitstheorie gilt allgemein, dass die Wahrscheinlichkeit des Auftretens zweier unabhängiger Ereignisse das Produkt aus den Wahrscheinlichkeiten darstellt, mit denen jeweils die einzelnen Ereignisse auftreten. Die Wahrscheinlichkeit beim Würfeln z. B. mit dem ersten Wurf eine Augenzahl von 1 zu

4 Das Maximum-Likelihood-Verfahren zur Schätzung der Logitfunktion

würfeln und beim zweiten Wurf mindestens fünf Augen zu erzielen ist demnach $1/6 \times 2/6$. Demnach errechnet sich die Likelihood, mit der alle Fälle einer Verteilung korrekt identifiziert werden, als das Produkt aller individuellen Trefferwahrscheinlichkeiten.

$$L = \prod_{i=1}^{n} T_i = \prod_{i=1}^{n} \mathbf{P}_i^t \cdot \mathbf{O}_i \qquad \text{Gl (4.5)}$$

Da die individuelle Wahrscheinlichkeit T_i, mit der das i-te Element der Stichprobe, richtig klassifiziert ist, gleich π ist, wenn der Wert von Y tatsächlich 1 ist, denn π ist ja die geschätzte Wahrscheinlichkeit, mit der Y den Wert 1 annimmt, und gleich $1 - \pi$, wenn der tatsächliche Wert von Y gleich 0 ist, gilt:

$$L = \prod_{i=1}^{n} T_i = \prod_{i=1}^{n} \pi^Y \times (1-\pi)^{1-Y} \qquad \text{Gl (4.6)}$$

Gehen wir als Beispiel von einer empirischen Verteilung von 10 Y-Werten aus, wobei 7mal der Wert „1" vorkommt und 3mal der Wert „0" auftritt. Wenn wir außer der Verteilung dieser Variablen selbst keine weitere Information besitzen, die wir zur Schätzung heranziehen könnten, d. h. außer den Y-Werten über keine weiteren Merkmale der Fälle verfügen, dann müssen wir einen identischen Schätzvektor für alle Einzelfälle angeben, da wir zwischen den Fällen ja nicht differenzieren können. Ein solches Schätzmodell wollen wir das *Nullmodell der Schätzung* nennen, da es zur Schätzung keine weitere Information heranzieht, wie sie ansonsten über unabhängige Variable bereitgestellt werden. Die Logik des ML-Verfahrens besteht nun also darin, denjenigen Wert von π zu suchen, mit der die gesamte beobachtete Verteilung mit der höchsten Wahrscheinlichkeit korrekt prognostiziert werden kann. Wir können die Logik des ML-Verfahrens auch so begreifen, dass wir den Wert von π suchen, mit der die Wahrscheinlichkeit, mit der die beobachtete Verteilung von „1"en und „0"en generiert würde, maximiert würde, wobei π die Wahrscheinlichkeit der Entstehung eines „1"-er Wertes und $1 - \pi$ die Wahrscheinlichkeit der Entstehung eines „0"-er Wertes angeben würde.

Nehmen wir an, die 10 Elemente unserer Reihe von „1"-en und „0"-en käme in der Reihenfolge „1110011011" vor. Der Prognosevektor für einen bestimmten Wert von π enthält für jeden Einzelfall die Werte π und $1 - \pi$ als Koordinaten, bzw. schätzt für einen bestimmten Fall, dass dieser mit einer Wahrscheinlichkeit von π den Wert „1" hat und mit einer Wahrscheinlichkeit von $1 - \pi$ den Wert „0". Die Trefferwahrscheinlichkeit, mit der ein Fall, der den Y-Wert „1" hatte, richtig prognostiziert wurde, ist demnach π, die Trefferwahrscheinlichkeit, mit der ein Y-Wert

Tab. 4.1 Trefferwahrscheinlichkeiten für eine bestimmte Verteilung von „0"en und „1"en

Empirische Verteilung von Y	1	1	1	0	0	1	1	0	1	1
Schätzmodell für einen bestimmten Wert von π										
P(Y=1)	π	π	π	π	π	π	π	π	π	π
P(Y=0)	$1-\pi$	$1-\pi$	$1-\pi$	$1-\pi$	$1-\pi$	$1-\pi$	$1-\pi$	$1-\pi$	$1-\pi$	$1-\pi$
T	π	π	π	$1-\pi$	$1-\pi$	π	π	$1-\pi$	π	π

Tab. 4.2 Wert der Likelihood für eine bestimmte Sequenz von Werten in Abhängigkeit verschiedener Werte von π

Sequenz: 1110011011	$L = \pi^7 (1-\pi)^3$
$\pi = 0{,}4$	$0{,}4^7 \times 0{,}6^3 = 0{,}0003538944 = 3{,}5 \times 10^{-4}$
$\pi = 0{,}5$	$0{,}5^{10} = 0{,}0009765625 = 9{,}8 \times 10^{-4}$
$\pi = 0{,}6$	$0{,}6^7 \times 0{,}4^3 = 0{,}00179159 = 1{,}8 \times 10^{-3}$
$\pi = 0{,}7$	$0{,}7^7 \times 0{,}3^3 = 0{,}002223566 = 2{,}2 \times 10^{-3}$
$\pi = 0{,}8$	$0{,}8^7 \times 0{,}2^3 = 0{,}001677722 = 1{,}7 \times 10^{-3}$
$\pi = 0{,}9$	$0{,}9^7 \times 0{,}1^3 = 0{,}0004782969 = 4{,}8 \times 10^{-4}$

„0" richtig prognostiziert wurde, ist gleich $1 - \pi$. Die entsprechenden Werte sind in Tab. 4.1 enthalten.

Die Likelihood, mit der alle 10 Elemente richtig klassifiziert werden, ist $\pi \times \pi \times \pi \times (1-\pi) \times (1-\pi) \times \pi \times \pi \times (1-\pi) \times \pi \times \pi = \pi^7 \times (1-\pi)^3$. Für den Wert der Likelihood ist es unerheblich, in welcher Reihenfolge die Werte in der beobachteten Verteilung auftreten, entscheidend sind lediglich der Wert von π und die absoluten Häufigkeiten, mit denen Y jeweils den Wert „1" bzw. „0" annimmt. Bezeichnen wir die beiden entsprechenden Häufigkeiten mit $N_{Y=1}$ und $N_{Y=0}$, dann kann Gl. 4.6, wenn π für alle Fälle denselben Wert besitzt, leicht umgeformt werden zu (Tab. 4.2):

$$L = \prod_{i=1}^{n} T_i = \prod_{i=1}^{n} \pi^Y \times (1-\pi)^{1-Y} = \pi^{N_{Y=1}} \times (1-\pi)^{N_{Y=0}} \qquad \text{Gl (4.7)}$$

Tatsächlich ist das Schätzmodell, das als Prognosewahrscheinlichkeiten die relativen Häufigkeiten verwendet, auch das Prognosemodell mit der größten Likelihood, solange wir für alle Fälle denselben Schätzvektor verwenden müssen. Intuitiv scheint uns dies durchaus einleuchtend. Wir sagen die tatsächliche Verteilung dann mit der größten Wahrscheinlichkeit richtig voraus, wenn wir auf die einzelnen Kategorien mit der Wahrscheinlichkeit tippen, die der relativen Häufigkeit entspricht, mit der sie tatsächlich auftritt. Tatsächlich ist diese Intuition auch richtig. Der allgemeine Beweis für diesen Zusammenhang ist einfach:

> **Infobox 4.1: Beweis für die Angemessenheit des Schätzmodells**
>
> Es sei $\pi = P(Y=1)$ und m die Anzahl der „1"en in der Stichprobe von der Größe n. Dann gilt:
>
> $$L = \pi^m (1-\pi)^{n-m}$$
>
> Maximiere L
>
> Erste Ableitung
>
> $$\frac{dL}{d\pi} = \pi^m (n-m)(1-\pi)^{n-m-1}(-1) + m\pi^{m-1}(1-\pi)^{n-m}$$
>
> $$= \pi^{m-1}(1-\pi)^{n-m-1}\left[\pi(n-m)(-1) + m(1-\pi)\right]$$
>
> Setze die Ableitung gleich 0
>
> $$\pi^{m-1}(1-\pi)^{n-m-1}\left[\pi(n-m)(-1) + m(1-\pi)\right] = 0$$
>
> $$\left[\pi(n-m)(-1) + m(1-\pi)\right] = 0$$
>
> $$\left[\pi(m-n)) + m(1-\pi)\right] = 0$$
>
> $$m - n\pi = 0$$
>
> $$\pi = \frac{m}{n}$$

Da für $\pi = 1$ oder $\pi = 0$ die Likelihood gleich Null ist und das Extremum eindeutig ist, muss es sich um ein Maximum handeln. Die Likelihood ist also maximal, wenn die Prognosewahrscheinlichkeiten bezüglich der einzelnen Kategorien den relativen Häufigkeiten ihres Vorkommens in der empirischen Verteilung entsprechen.

Wie verhält es sich nun, wenn man in Form der unabhängigen Variablen zusätzliche Information besitzt, die eine Einteilung der Individuen nach diesen Variablen in Gruppen ermöglicht? Grundsätzlich sollte sich eine solche Information immer positiv auf die Schätzung der abhängigen Variablen auswirken. In unserem Beispiel soll es eine unabhängige Variable mit den Ausprägungen „A" und „B" geben, die die Stichprobe in zwei gleich große Gruppen mit jeweils 5 Fällen unterteilt. In Gruppe A besitzen 4 von 5 das Merkmal „1" der abhängigen Variablen, in Gruppe B 3 von 5, also 80 % in der einen Gruppe respektive 60 % in der anderen. Es leuchtet intuitiv ein, dass wir in der Lage sein sollten, diese zusätzlichen Informationen über

Tab. 4.3 Bedingte Prognosewahrscheinlichkeiten

Empirische Verteilung von Y	1	1	1	0	0	1	1	0	1	1
Gruppenzugehörigkeit	A	A	B	B	A	A	B	B	B	A
Uninformiertes Modell (Null-Modell)										
P(Y = 1)	0,7	0,7	0,7	0,7	0,7	0,7	0,7	0,7	0,7	0,7
P(Y = 0)	0,3	0,3	0,3	0,3	0,3	0,3	0,3	0,3	0,3	0,3
T	0,7	0,7	0,7	0,3	0,3	0,7	0,7	0,3	0,7	0,7
Gruppenbezogenes-Schätzmodell										
P(Y = 1)	0,8	0,8	0,6	0,6	0,8	0,8	0,6	0,6	0,6	0,8
P(Y = 0)	0,2	0,2	0,4	0,4	0,2	0,2	0,4	0,4	0,4	0,2
T	0,8	0,8	0,6	0,4	0,2	0,8	0,6	0,4	0,6	0,8

die Fälle, die in Form der unabhängigen Variablen, in diesem Fall der dichotomen Gruppierungsvariablen, vorliegen, zu einer Verbesserung unserer Schätzung einzusetzen. Wir wissen schon, dass wir die Elemente innerhalb jeder Gruppe und damit auch die Gesamtverteilung innerhalb der Gruppe mit der größten Wahrscheinlichkeit korrekt identifizieren, wenn wir die relativen Häufigkeiten innerhalb der Gruppen als Prognosewahrscheinlichkeiten in das Schätzmodell eingehen lassen. Damit muss aber auch der Wert für die Gesamtverteilung maximal sein, wenn wir für jedes Individuum immer den Prognosevektor verwenden, der der optimale für seine Gruppe ist. Die sich so ergebenden neuen Prognosewahrscheinlichkeiten mit Hilfe eines Schätzmodells, das sich die unabhängige Variable zunutze macht, sind in Tab. 4.3 aufgeführt.

Die Likelihood des gruppenspezifischen Schätzmodells berechnet sich als:

$$L = \pi_A^4 (1 - \pi_A) \times \pi_B^3 (1 - \pi_B)^2$$
$$= 0,8^4 \times 0,2 \times 0,6^3 \times 0,4^2$$
$$= 0,0028 = 2,8 \times 10^{-3}$$

Die Likelihood ist also etwas höher als ohne Hinzuziehung der unabhängigen Variablen. Dies ist immer der Fall, wenn in den unabhängigen Variablen Informationen enthalten sind, die zur Identifikation der abhängigen verwendet werden können, also immer dann, wenn sich die Wahrscheinlichkeiten P(Y = 1) zwischen

4 Das Maximum-Likelihood-Verfahren zur Schätzung der Logitfunktion

den Gruppen unterscheiden, denn dann wissen wir mehr, was wir in Bezug auf Y zu erwarten haben, wenn wir wissen, welcher Gruppe ein Fall angehört. Je größer die Unterschiede zwischen den Gruppen, desto größer die Information und desto besser die Schätzung, die sich diese Informationen zunutze macht. Nehmen wir z. B. an, alle fünf Mitglieder von A hätten die Ausprägung von Y = 1 und nur 2 der Gruppe B. Die gruppenbezogenen Wahrscheinlichkeiten π_A bzw. π_B wären demnach 1 bzw. 0,4. Die Likelihood wäre demnach

$$L = \pi_A^5 (1-\pi_A)^0 \times \pi_B^2 (1-\pi_B)^3$$
$$= 1^5 \times 1^0 \times 0{,}4^2 \times 0{,}6^3$$
$$= 0{,}03456 = 3{,}5 \times 10^{-2}$$

Die Likelihood beträgt jetzt also immerhin schon über 3 %. Da die Information, dass ein Element der Gruppe A zugehört, hinreichend für seine hundertprozentig sichere Identifikation ist, dass der Wert von Y 1 beträgt, entspricht die Likelihood nur noch der Wahrscheinlichkeit, innerhalb der Gruppe B alle Elemente richtig zu kategorisieren. Bei realen Schätzmodellen würden wir allerdings nie einen Prognosevektor anwenden, der ein bestimmtes Ergebnis mit der Wahrscheinlichkeit 1 voraussagt, denn wenn auch nur ein einziger Fall eine andere Ausprägung hätte, wäre die Likelihood dann immer 0, unabhängig von der Anzahl der Fälle.

Modelle, bei denen uns zur Schätzung außer der Verteilung der abhängigen Variablen keine zusätzlichen Informationen zur Verfügung stehen, nennen wir *Nullmodelle*. Mit Informationen in Form der unabhängigen Variablen „angefütterte" Modelle nenne ich im Folgenden *spezifizierte Modelle*. Ein vollständig bzw. eindeutig spezifiziertes oder auch *saturiertes Modell* liegt dann vor, wenn wir über jeden Fall so viele Informationen in Form der unabhängigen Variablen vorliegen haben, dass wir ihn mit hundertprozentiger Wahrscheinlichkeit korrekt identifizieren können.

Die relative Verbesserung der Likelihood des spezifizierten Modells, also des mit Informationen in Form der unabhängigen Variablen gefütterten Modells, gegenüber dem Nullmodell gibt uns Aufschluss, wie gut die Informationen in Bezug auf die Schätzung der abhängigen Variablen sind. Allerdings ist die Wahrscheinlichkeit eine Größe, die bei entsprechend großen Fallzahlen sehr schnell sehr, sehr kleine Werte annimmt, die als ziemlich hohe negative Exponenten von 10er-Potenzen dargestellt werden müssten. Noch unanschaulicher und entsprechend schwer zu interpretieren wären die Veränderungen von Wahrscheinlichkeiten. Es bietet sich daher an, die Handhabbarkeit der Likelihood zu erhöhen, indem man sie so transformiert, dass sie Zahlenwerte ergibt, die einem vertrauter sind und deren Interpretation einem daher leichter fällt. Eine solche Transformation stellt der na-

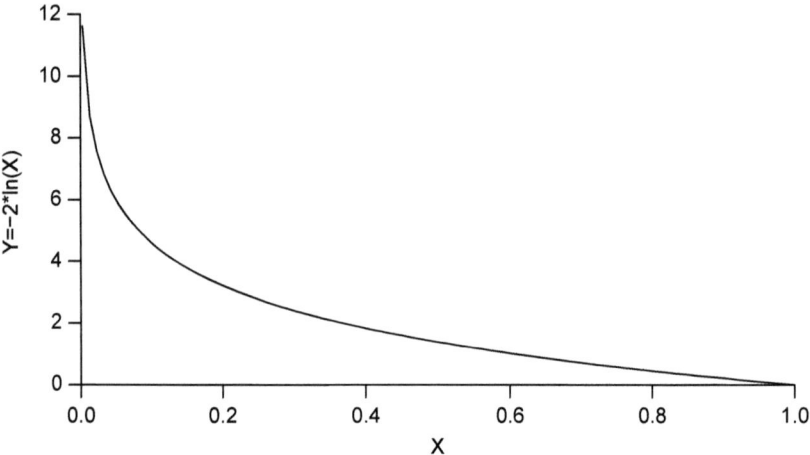

Abb. 4.5 Das -2-fache der Log-Likelihood

türliche Logarithmus dar, der Logarithmus der Likelihood wird als *Loglikelihood* bezeichnet.

$$LL = \ln(L) = \ln\left(\prod_{i=1}^{n} T_i\right) = \sum_{i=1}^{n} \ln(T_i) = \sum_{i=1|Y=1}^{n} \ln(\pi_i) + \sum_{i=1|Y=0}^{n} \ln(1-\pi_i) \quad \text{Gl (4.8)}$$

Die logarithmierte Likelihood entspricht also der Summe aus der Summe der logarithmierten Werte von π aller Elemente mit Y = 1 und der Summe der logarithmierten Werte von $(1-\pi)$ aller Elemente mit Y = 0. Da die Wahrscheinlichkeit nur von 0 bis 1 gehen kann, erstreckt sich der Wertebereich der Log-Likelihood von $-\infty$ bis 0 (Abb. 4.5). Multipliziert man die Loglikelihood mit -2 erhält man einerseits positive Werte, die noch leichter zu interpretieren sind, außerdem ist die neu konstruierte Variable Chi²-verteilt, so dass sie für Signifikanztests herangezogen werden kann. Darauf werde ich im sechsten Kapitel ausführlicher eingehen.

$$-2 \times LL = -2 \times \ln\prod_{i=1}^{n} T_i = -2 \times \sum_{i=1}^{n} \ln(T_i) = -2 \times \sum_{i=1|Y=1}^{n} \ln(\pi_i) - 2 \times \sum_{i=1|Y=0}^{n} \ln(1-\pi_i)$$

$$\text{Gl (4.9)}$$

Das negative Zweifache der Loglikelihood ist im Bereich von Logit-Modellen die verbreitetste und wichtigste Größe zur Beurteilung der Güte eines Modells. Es kann als Größe des Schätzfehlers des statistischen Modells interpretiert werden und entspricht in dieser Hinsicht gewissermaßen der Varianz in linearen Modellen mit intervallskalierten abhängigen Variablen. Allgemein verbreitet hat sich daher

4 Das Maximum-Likelihood-Verfahren zur Schätzung der Logitfunktion

in Anlehnung an den Varianzbegriff der Begriff der „Devianz" für das negative Zweifache der Loglikelihood. Je größer die Devianz, desto schlechter das Modell, je kleiner die Devianz, desto besser schneidet das Modell ab. Eine Devianz von Null liegt dann vor, wenn jeder einzelne Fall mit der Wahrscheinlichkeit von 1 richtig klassifiziert werden kann und damit auch die Gesamtheit aller Fälle, wir also ein saturiertes Modell vorliegen haben.

Das Nullmodell in unserem Beispiel besteht in einem einzigen Prognosevektor für alle Fälle, der als Elemente die relativen Häufigkeiten von „1" und „0" enthält, also 0,7 und 0,3 in unserem Beispiel. Die Devianz ist demnach:

$$D_0 = -2 \times \ln(0,7^7 \times 0,3^3) = -2 \times (7 \times \ln(0,7) + 3 \times \ln(0,3)) = 12,217$$

Die Devianz des Modells D_1, bei dem vier der Y-Werte von „1" in der einen Gruppe sind und drei in der zweiten Gruppe, wobei beide Gruppen jeweils fünf Fälle umfassen, ist:

$$D_1 = -2 \times \ln(0,8^4 \times 0,2 \times 0,6^3 \times 0,4^2)$$
$$= -2 \times (4 \times \ln(0,8) + \ln(0,2) + 3 \times \ln(0,6) + 2 \times \ln(0,4)) = 11,734$$

Durch die Hinzunahme der unabhängigen Variablen wird der durch die Devianz ausgedrückte Fehler von 12,217 auf 11,734 reduziert. Der Ausgangsfehler wird also um ca. 4 % reduziert.

Besitzt die unabhängige Variable nur zwei Ausprägungen, dann ist es für nahezu jede Form einer Funktion möglich, die Parameter so festzulegen, dass die Funktion für die zwei kritischen Werte der unabhängigen Variablen den optimalen bedingten Schätzwert für die entsprechenden Gruppen genau trifft. Stellen wir uns also vor, dass die Gruppierungsvariable unseres Beispiels die zwei Ausprägungen „0" und „1" besitzt, je nachdem, ob ein Fall zur Gruppe B oder A gehört. Wir legen hier den X-Wert von „0" einfach für die Gruppe fest, die die niedrigere relative Häufigkeit von Y-Werten „1" aufweist, damit der Effekt der X-Variablen positiv ausfällt. Diese Festlegung ist aber natürlich beliebig, genauso gut hätten wir den Wert „0" für Gruppe A vergeben können. Die Wahrscheinlichkeiten werden entsprechend der logistischen Funktion nach Gl. 3.19 auf folgende Weise ausgedrückt:

$$P(Y=1) = \frac{e^{\beta_0 + \beta_1 x}}{1 + e^{\beta_0 + \beta_1 x}}$$

Der bedingte Schätzwert für die beiden Werte von X ergibt sich dann jeweils als:

$$P(Y=1 \mid X=0) = \frac{e^{\beta_0}}{1 + e^{\beta_0}} \qquad \text{Gl (4.10)}$$

$$P(Y=1 \mid X=1) = \frac{e^{\beta_0+\beta_1}}{1+e^{\beta_0+\beta_1}} \qquad \text{Gl (4.11)}$$

Da wir ja aber die optimalen Koeffizienten der Funktion suchen und dabei schon wissen, dass die optimalen Wahrscheinlichkeiten für eine bestimmte Gruppe diejenigen sind, die den relativen Häufigkeiten entsprechen, können wir im dichotomen Fall die Koeffizienten direkt als Funktion von P ausdrücken, indem wir auf die Logitdarstellung der Funktion aus Gl. 3.15 zurückgreifen.

$$\beta_0 = \text{Logit}\left[P(Y=1 \mid X=0)\right] = \ln\left(\frac{P(Y=1 \mid X=0)}{1-P(Y=1 \mid X=0)}\right) \qquad \text{Gl (4.12)}$$

$$\beta_0 + \beta_1 = \text{Logit}\left[P(Y=1 \mid X=1)\right] = \ln\left(\frac{P(Y=1 \mid X=1)}{1-P(Y=1 \mid X=1)}\right) \qquad \text{Gl (4.13)}$$

$$\beta_1 = \ln\left(\frac{P(Y=1 \mid X=1)}{1-P(Y=1 \mid X=1)}\right) - \beta_0$$

$$\beta_1 = \ln\left(\frac{P(Y=1 \mid X=1)}{1-P(Y=1 \mid X=1)}\right) - \ln\left(\frac{P(Y=1 \mid X=0)}{1-P(Y=1 \mid X=0)}\right)$$

Für unser Beispiel ergibt sich demnach:

$$\beta_0 = \ln\left(\frac{0{,}6}{1-0{,}6}\right) = \ln(1{,}5)$$

$$\beta_1 = \ln\left(\frac{0{,}8}{1-0{,}8}\right) - \ln\left(\frac{0{,}6}{1-0{,}6}\right) = \ln(4) - \ln(1{,}5) = \ln\left(\frac{4}{1{,}5}\right) = \ln\left(\frac{8}{3}\right)$$

Daraus ergibt sich ein Wert von 0,405 für β_0 und ein Wert von 0,981 für β_1. Setzen wir diese beiden Parameterwerte in die Gleichung der logistischen Regression ein, dann ergeben sich also als Schätzwerte von π bzw. $P(Y=1)$ genau die entsprechenden relativen Häufigkeiten in den beiden Gruppen, die durch die X-Variable gebildet werden, und die Likelihood wird maximiert.

Grundsätzlich gilt immer, dass wir die optimalen Werte der Parameter unmittelbar berechnen können, wenn die unabhängigen Variable kategorialer Natur ist, so dass die entsprechenden Gruppenzugehörigkeiten alle in Form von dichotomen

4 Das Maximum-Likelihood-Verfahren zur Schätzung der Logitfunktion

Variablen ausgedrückt werden können. Für eine bestimmte Gruppe ist der bedingte Schätzwert im Sinne des ML-Verfahrens für die abhängige Variable immer gleich der relativen Häufigkeit, mit der in dieser Gruppe der Wert 1 in der Y-Variablen auftritt. Dies entspricht der Tatsache, dass der Mittelwert einer Verteilung von intervallskalierten Variablenwerten derjenige Wert ist, der die Summe der quadratischen Abweichungen minimiert. Der Mittelwert ist daher auch der Schätzer, den man im OLS-Verfahren erhält, und er entspricht wie schon erwähnt, ebenfalls der ML-Logik, wenn die Fehler auf bestimmte Weise verteilt sind. Genauso wie man bei einer linearen Regression nun eine Funktion sucht, durch die die bedingten Gruppenmittelwerte, die man für jeden Wert der unabhängigen Variablen erhält und die jeweils für diese Gruppe allein der beste Schätzer wären, sucht man bei der logistischen Regression diejenige Funktion, durch die die bedingten relativen Häufigkeiten am besten angenähert werden. Würde man für jeden einzelnen Wert der unabhängigen Variablen den jeweils spezifischen besten Schätzwert für die Gruppe ermitteln[1], dann würde man auf diese Weise die erklärte Varianz beim OLS-Verfahren bzw. die Likelihood in der allgemeinen Logik der ML-Verfahren maximieren. Die Unterstellung einer bestimmten Form des Zusammenhangs, sei er linearer Art oder logistischer Natur, kann daher als Restriktion, der die Schätzung unterliegt, aufgefasst werden, als eine zusätzlich zu beachtende Bedingung. Durch diese Restriktion geht gegenüber der auf die einzelnen Gruppen bezogenen Schätzung ein Teil der Vorhersagekraft verloren, dem steht jedoch ein Gewinn an Erklärungskraft gegenüber, der durch die Funktion des theoretischen Zusammenhangs ausgedrückt wird. Wissenschaftlich besonders wertvolle, da informative Aussagen in der Form von „Je ... desto" entstehen erst, wenn man den theoretischen Zusammenhang auch in funktionaler Form darstellen kann. Es gibt also einen Trade-Off zwischen Prognosekraft im Sinne der korrekten Identifikation der Ausprägungen der abhängigen Variablen[2] und theoretischer Erklärungskraft des statistischen Modells. Unabhängig davon wäre ein Schätzmodell, das für jeden Wert der unabhängigen Variablen einen separaten Schätzwert für die abhängige Variable angibt, nicht nur weniger informativ, sondern auch ökonomisch aufwändig.

Der beste Schätzwert für eine bedingte Verteilung von Y-Werten, die einem bestimmten Wert der unabhängigen Variablen zugeordnet werden können, lässt sich

---

[1] Dies geht natürlich nur dann, wenn für jeden Wert der unabhängigen Variablen mehrere Fälle vorliegen, so dass eine bedingte Verteilung der abhängigen Variablen für diesen spezifischen Wert der unabhängigen Variablen gebildet werden kann.

[2] Dies bezieht sich also auf die „Prognose" der tatsächlich beobachteten Werte aufgrund des unterstellten Modells. Echte Prognosen nicht beobachteter Fälle können möglicherweise sogar besser werden, wenn man sich an der theoretischen Funktion orientiert, da ja die Abweichungen der gruppenspezifischen Mittelwerte vom theoretisch vorausgesagten Wert durch zufällige Schwankungen erklärt werden können.

Tab. 4.4 Kreuztabelle: Zusammenhang zwischen CDU-Wahl und Differenz der Sympathiebewertung von CDU und SPD

	Differenz zwischen CDU- und SPD-Sympathiebewertung									
	−10	−9	−8	−7	−6	−5	−4	−3	−2	−1	0
SPD	9	3	18	13	32	46	49	50	65	33	30
CDU	0	0	0	0	0	0	2	0	0	3	20
	1	2	3	4	5	6	7	8	9	10
SPD	8	9	1	3	0	1	0	1	0	0
CDU	50	93	60	64	52	53	35	23	11	6

wie gezeigt auf analytische Weise bestimmen. Sobald wir jedoch die zusätzliche Restriktion einführen, dass die Schätzwerte gleichzeitig einem Wert entsprechen sollen, der als Funktionswert des entsprechenden X-Wertes ausgedrückt werden kann, und zugleich Schätzwerte für singuläre X-Werte angeben wollen, ist eine rein analytische Vorgehensweise, um den richtigen Parameterwert zu finden, nicht mehr möglich. In diesen Fällen bleibt nichts anderes übrig, als verschiedene Werte zu „probieren", um dann denjenigen Wert, der die besten Ergebnisse produziert, in der Hoffnung zu nehmen, dass er dem tatsächlich besten Wert zumindest sehr nahe kommt. Effektiv ist es, wenn dieses „Probieren" nicht willkürlich erfolgt, sondern einen systematischen Prozess darstellt, bei dem man sich den optimalen Parameterwerten schrittweise bzw. in mehreren sogenannten *Iterationen* nähert. Das Regelwerk, wie man von den zuletzt „ausprobierten" Parameterwerten zu den nächsten kommt, wird in Form sogenannter *Algorithmen* niedergelegt.

Zur Illustration des Vorgehens greifen wir noch einmal auf das Beispiel zurück, bei dem die Wahlabsicht zu Gunsten der CDU vs. SPD mit Hilfe der Differenz der Sympathiebewertung geschätzt wird. Hierzu sind die Werte aus Tab. 2.3 noch einmal in Tab. 4.4 dargestellt. Die Grafik der dazugehörigen bedingten relativen Häufigkeiten ist in Abb. 4.6 dargestellt.

Wir beginnen mit bestimmten Startwerten von β_0 und β_1. Aus der Tabelle sehen wir, dass bei X = 0 die relative Häufigkeit von Y = 1 0,4 beträgt. Daraus folgt nach Gl. 4.12 unmittelbar ein erster Schätzwert von β_0 als $\ln(2/3) = -0,4$. Zwischen X = −1 und X = 1 steigt der Wert der unabhängigen Variablen um ungefähr 0,8 an, die Steigung in diesem Bereich beträgt also grob 0,4. Jetzt machen wir uns die Regel zunutze, dass die Steigung einer logistischen Regression in ihrem Zentrum ein Viertel von β_1 beträgt. Ein halbwegs passender Startwert für β_1 liegt daher bei 1,6. Die Funktion mit diesen Startwerten ist also:

$$P(Y=1) = \frac{e^{-0,4+1,6x}}{1+e^{-0,4+1,6x}}$$

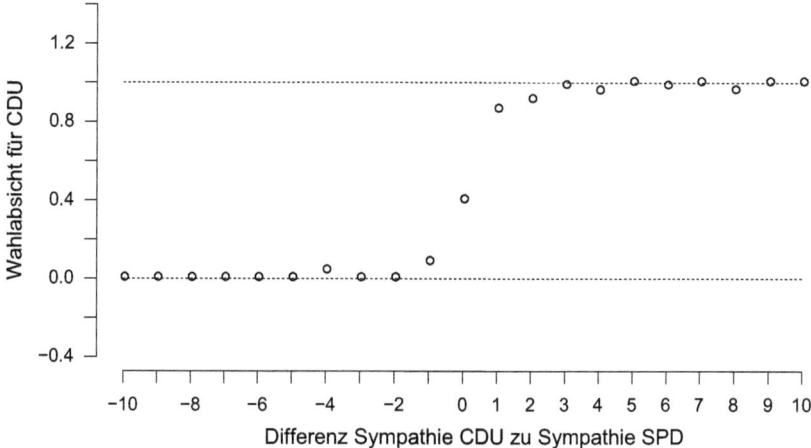

Abb. 4.6 Bedingte relative Häufigkeiten der Wahlabsicht CDU vs. SPD in Abhängigkeit von Differenz der Sympathiewerte

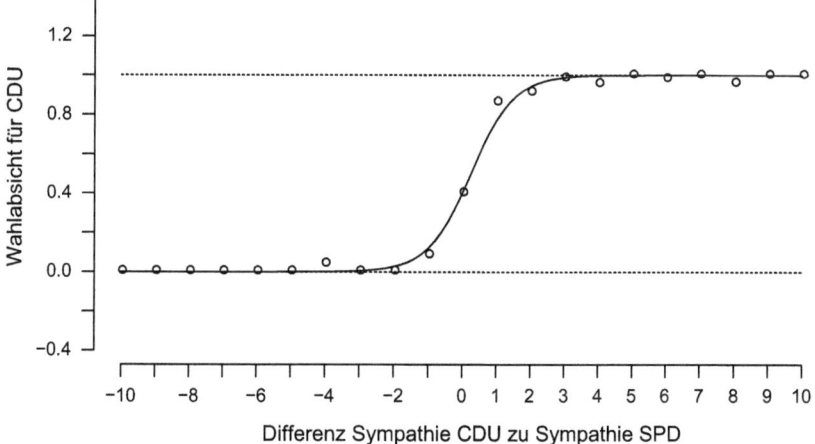

Abb. 4.7 Startwertschätzung der logistischen Regression „bei Hand"

Die dazugehörige Funktion ist graphisch in Abb. 4.7 zu sehen. Wie mit bloßem Auge zu erkennen ist, ist unser „Probieren" bei der Auswahl der Startwerte offensichtlich ganz gut gelungen. Die Devianz berechnet sich für das erste Schätzmodell als 321,9.

Die Devianz des Nullmodells beträgt 1157. Das „grobe" Schätzmodell reduziert diese also schon um mehr als zwei Drittel. Als einen sehr einfachen Algorithmus,

Tab. 4.5 Devianzwerte für verschiedene Kombinationen der Parameterwerte

		$\beta_1 = 1{,}6$		
		−0,1	0	0,1
	−0,1	316,59	321,40	327,41
$\beta_0 = -0{,}4$	0	316,71	321,90	328,23
	0,1	317,58	323,09	329,69

Tab. 4.6 Devianzwerte für verschiedene Kombinationen der Parameterwerte

		$\beta_1 = 1{,}5$		
		−0,1	0	0,1
	−0,1	314,34	317,22	321,61
$\beta_0 = -0{,}5$	0	313,21	316,59	321,40
	0,1	312,90	316,71	321,90

Tab. 4.7 Devianzwerte für verschiedene Kombinationen der Parameterwerte

		$\beta_1 = 1{,}4$		
		−0,1	0	0,1
	−0,1	311,59	313,21	316,59
$\beta_0 = -0{,}4$	0	310,79	312,90	316,71
	0,1	310,86	313,41	317,58

um die Parameterwerte systematisch zu verbessern, nehmen wir nun einen, der die Ausgangswerte für die Parameter systematisch um kleine Inkremente nach beiden Richtungen verändert. Dazu erhöhen bzw. erniedrigen wir beide Parameterwerte jeweils um 0,1. Für jede der sich so ergebenden neun Kombinationen der Parameterwerte erhalten wir dann die dazugehörige Devianz, wie in Tab. 4.5 angegeben. Den niedrigsten Wert der Devianz erhalten wir, wenn sowohl β_0 als auch β_1 um jeweils 0,1 vermindert werden. Die Startwerte für die nächste Iteration sind daher −0,5 und 1,5. Die entsprechenden Ergebnisse befinden sich in Tab. 4.6. Für die dritte Iteration wird der Ausgangswert von β_0 wieder um 0,1 erhöht, während der von β_1 weiterhin erniedrigt wird (Tab. 4.7). Für die vierte Iteration wird der Ausgangswert von β_0 beibehalten, während der von β_1 immer noch vermindert wird (Tab. 4.8). Für die fünfte Iteration wird der Ausgangswert von β_0 um 0,1 erhöht, während der von β_1 wieder um 0,1 vermindert wird. Die Ergebnisse dieser Iteration sind in Tab. 4.9 dargestellt. Wie man sieht, führen nun weitere Modifikationen der

Tab. 4.8 Devianzwerte für verschiedene Kombinationen der Parameterwerte

		$\beta_1 = 1{,}3$		
		−0,1	0	0,1
	−0,1	312,15	311,59	313,21
$\beta_0 = -0{,}4$	0	310,77	310,79	312,90
	0,1	*310,35*	310,86	313,41

Tab. 4.9 Devianzwerte für verschiedene Kombinationen der Parameterwerte

		$\beta_1 = 1{,}2$		
		−0,1	0	0,1
	−0,1	313,37	310,77	310,79
$\beta_0 = -0{,}3$	0	312,37	*310,35*	310,86
	0,1	312,43	310,89	311,81

Parameterwerte zu keiner Verbesserung mehr. Die Iterationen werden daher nun abgebrochen und die so erhaltenen Schätzwerte der Parameter stellen das Ergebnis des Algorithmus dar.

Natürlich könnten wir das Ergebnis noch weiter verbessern, wenn wir z. B. die inkrementellen Verbesserungen in kleineren Schritten, z. B. +/−0,01 vornehmen würden. Mit welchem Präzisionsgrad der gefundenen Parameterwerte man sich zufriedengibt, muss daher festgelegt werden. Hat man sich einmal für ein bestimmtes Niveau der Genauigkeit der Schätzung festgelegt, wird das Verfahren genau dann abgebrochen, wenn auf diesem Niveau durch Variation der Parameterwerte keine Verbesserung mehr erzielt werden kann. Dies ist immer dann der Fall, wenn die Ergebniswerte des letzten Iterationsschritts mit den Ausgangswerten identisch sind. Die durch den einfachen Algorithmus gefundene Funktion ist graphisch in Abb. 4.8 als die gestrichelte Funktion dargestellt, die durchgehende Linie beschreibt die Funktion mit den Startwerten der ersten Iteration.

Die z. B. von dem Statistikpaket R für die entsprechende logistische Regression ermittelten Parameterwerte sind −0,3227 für β_0 und 1,2314 für β_1, die Devianz beträgt 310,2. Die mit dem einfachen Algorithmus gefundenen Werte sind also schon ziemlich genau.

Die Effizienz eines Algorithmus besteht darin, mit möglichst wenigen Iterationen zu einem hinreichend präzisen Ergebnis zu gelangen. Unser einfach gestrickter Algorithmus ist insofern relativ ineffizient, da wir am Anfang innerhalb einer Iteration zu kleine Sprünge bei der Variation der Parameter machen und am Ende zu

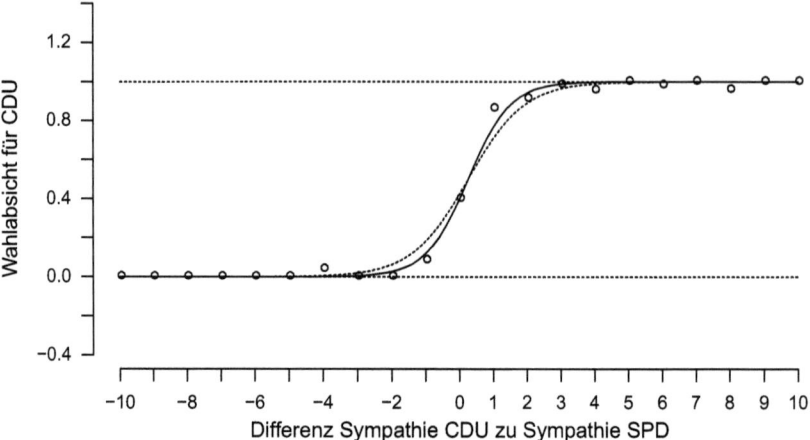

Abb. 4.8 Startwertschätzung der logistischen Regression mit einfachem Algorithmus

grobe. Bei einem effizienten Algorithmus variiert daher die Größe der Sprünge mit der Nähe zum optimalen Wert. In den ersten Iterationen nähert sich der geschätzte Parameterwert, beginnend mit dem Startwert, in relativ großen Sprüngen dem optimalen Wert, um dann in dem engeren Bereich um den optimalen Wert in immer kleineren Modifikationen den Zielwert immer genauer einzukreisen. Einer der bekanntesten solcher effizienten Algorithmen ist der sogenannte Newton-Raphson Algorithmus, der auch in vielen Statistikpaketen zur Berechnung der Koeffizienten einer logistischen Regression eingesetzt wird[3].

---

[3] Ein weiterer inzwischen weit verbreiteter Algorithmus ist der IRLS-Algorithmus (vgl. Menard 2010, S. 337; ausführlich Hilbe 2009, S. 51 ff.).

4 Das Maximum-Likelihood-Verfahren zur Schätzung der Logitfunktion

Exkurs: Die Vorgehensweise des Newton-Raphson Algorithmus'
Wir verfahren bei der Suche nach den devianzminimierenden Koeffizienten erst einmal ganz analog zum OLS-Modell, d. h. wir berechnen zuerst die Devianz selbst als Funktion der Koeffizienten.

$$\begin{aligned}
\text{Devianz} &= -2 \times \sum_{i=1}^{n} \ln(T_i) \\
&= -2 \times \sum_{i=1}^{n} Y \times \ln[P(Y=1)] - 2 \times \sum_{i=1}^{n} (1-Y) \ln[P(Y=0)] \\
&= -2 \times \sum_{i=1}^{n} Y \times \ln\left(\frac{e^{\beta_0+\beta_1 X}}{1+e^{\beta_0+\beta_1 X}}\right) - 2 \times \sum_{i=1}^{n} (1-Y) \ln\left(\frac{1}{1+e^{\beta_0+\beta_1 X}}\right) \\
&= -2 \times \sum_{i=1}^{n} Y \times \left[\ln(e^{\beta_0+\beta_1 X}) - \ln(1+e^{\beta_0+\beta_1 X})\right] \qquad \text{Gl (4.14)} \\
&\quad - 2 \times \sum_{i=1}^{n} (1-Y)(-1)\ln(1+e^{\beta_0+\beta_1 X}) \\
&= -2 \times \sum_{i=1}^{n} Y \times \ln(e^{\beta_0+\beta_1 X}) + 2 \times \sum_{i=1}^{n} \ln(1+e^{\beta_0+\beta_1 X}) \\
&= -2 \times \sum_{i=1}^{n} Y \times (\beta_0 + \beta_1 X) + 2 \times \sum_{i=1}^{n} \ln(1+e^{\beta_0+\beta_1 X})
\end{aligned}$$

Im Prinzip muss dann „nur" das Minimum der obigen Funktion gefunden werden. Um das Verfahren zu vereinfachen, beschränken wir uns zuerst einmal auf die Suche nach einem Koeffizienten, d. h. wir setzen die Konstante auf einen bestimmten Wert und beschränken uns auf die Suche des besten Wertes für β_1. Als nächstes bilden wir analog zur Vorgehensweise beim OLS-Verfahren die erste Ableitung der Devianz nach dem Koeffizienten.

$$\begin{aligned}
D' = \frac{d\text{Devianz}}{d\beta_1} &= -2 \times \sum_{i=1}^{n} YX + 2 \times \sum_{i=1}^{n} \frac{1}{1+e^{\beta_0+\beta_1 X}}(e^{\beta_0+\beta_1 X})X \\
&= -2 \times \sum_{i=1}^{n} YX + 2 \times \sum_{i=1}^{n} \frac{e^{\beta_0+\beta_1 X}}{1+e^{\beta_0+\beta_1 X}} X \qquad \text{Gl (4.15)} \\
&= -2 \times \sum_{i=1}^{n} X\left(Y - \frac{e^{\beta_0+\beta_1 X}}{1+e^{\beta_0+\beta_1 X}}\right)
\end{aligned}$$

Der nächste Schritt wäre, diese Gleichung gleich Null zu setzen und nach β_1 aufzulösen und dann zu untersuchen, ob das gefundene Extremum auch ein Minimum ist. Tatsächlich aber ist es für diese Gleichung nicht auf analytische Weise möglich, ihren Nullpunkt zu finden. Der einfache Weg wie im OLS-Modell, die Lösung auf rein analytischem Weg mit etwas Kenntnis in elementarer Differentialrechnung zu finden, ist uns leider versperrt. Der umständliche Weg wäre nun, über eine gewisse Bandbreite einfach sämtliche Werte von β_1 „auszuprobieren", um dann denjenigen herauszufischen, der die minimale Devianz produziert.

Zum Segen der Veranschaulichung greifen wir wieder auf das Beispiel der Vorhersage der CDU-Wahl aufgrund der Sympathiedifferenzen zurück. β_0 wird auf den korrekten Wert von −0.3227 gesetzt, wir suchen also nur noch nach dem korrekten Wert von β_1. Hierfür berechnen wir zur Anschauung zunächst einfach sämtliche Werte der Devianz für Werte von β_1 zwischen 0,8 und 2,0 (Abb. 4.9).

Das simple Durchrechnen für alle möglichen Werte der Koeffizienten in einem kritischen Bereich ist dem auf Eleganz und Sparsamkeit bedachten Mathematiker natürlich ein Gräuel, außerdem ist leicht einzusehen, dass – auch wenn Rechnerzeit heutzutage billig ist – dieses Durchrechnen sehr schnell einen gigantischen Aufwand bedeutet, wenn man die Devianz für alle möglichen Kombinationen von mehreren Koeffizienten berechnen muss, ganz zu schweigen davon, wie sehr eine gelungene Darstellung darunter leiden würde. In der obigen Abbildung befindet sich also die graphische Darstellung einer Funktion, von der wir wissen, dass sie ein Minimum besitzt, aber leider ist es uns aufgrund des komplizierten Charakters der Funktion nicht möglich, dieses Minimum direkt auf analytischem Wege zu bestimmen. Doch im schier unerschöpflichen mathematischen Erbe der Menschheit finden sich netterweise Verfahren, die uns helfen, solche Probleme zu lösen. Diese Verfahren stammen aus der Numerik und lösen Probleme wie das Auffinden eines Nullpunktes oder von Extrema einer Funktion durch Iterationen, indem sie von einem bestimmten Startwert ausgehen und mit Hilfe eines bestimmten Algorithmus' einen Folgewert berechnen, der der gewünschten Eigenschaft schon näher kommt als der Startwert. Durch Fortführung dieser Reihe gelangt man schließlich zu einem Wert, der den tatsächlich gesuchten praktisch beliebig genau anzunähern vermag.

Es ist uns nicht möglich, für die Devianzfunktion selbst das Minimum zu bestimmen. Aber wir können von einem bestimmten Startwert der

4 Das Maximum-Likelihood-Verfahren zur Schätzung der Logitfunktion

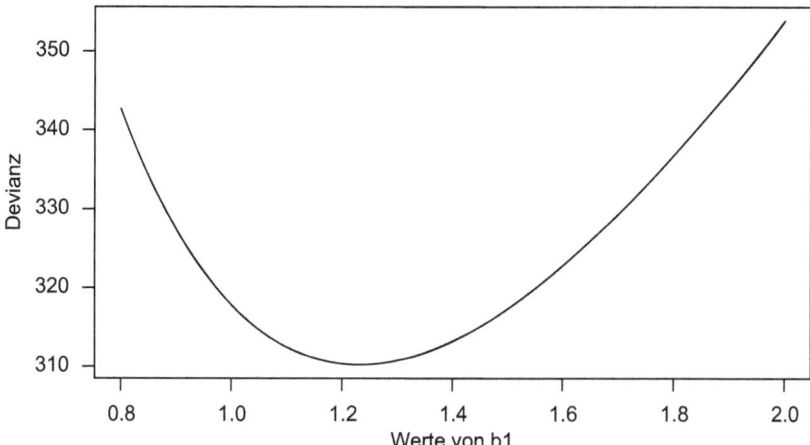

Abb. 4.9 Die Werte der Devianz in Abhängigkeit von β_1

Funktion aus eine andere Funktion konstruieren, die der Devianzfunktion sehr ähnlich ist, d. h. diese in der näheren Umgebung des Startwertes gut approximiert. Diese zu konstruierende Funktion soll so einfach sein, dass es in Bezug auf sie keine Probleme bereitet, auf rein analytischem Weg das Minimum zu finden. Das Minimum dieser Funktion wird nicht das Minimum der Originalfunktion sein – je weiter weg sich die X-Koordinate des Minimums vom Startwert befindet, desto stärker wird es vom tatsächlich gesuchten Minimum abweichen – aber es wird dem gesuchten Minimum der Originalfunktion schon wesentlich näher sein als der Startwert. Nehmen wir die entsprechende x-Koordinate als Startwert eines zweiten Durchgangs des Iterationszyklus', so wird der nächste gefundene Wert dem „wahren" Wert noch näher sein usw.

Wie soll aber die gesuchte zu konstruierende Funktion nun im Detail aussehen? Sie muss einerseits möglichst einfach sein, so dass wir einfache Ableitungen bilden können, und sie muss andererseits zumindest in der näheren Umgebung eines Startwertes eine hinreichend befriedigende Approximation an die Devianzfunktion erlauben. Die nahe liegende Lösung ist ein Polynom zweiten Grades, also eine Parabel. Sie ist die einfachstmögliche Funktion, die eindeutige Minima besitzt, und sie vermag aufgrund ihrer Krümmung die

Devianzfunktion passabel anzunähern. Nach der so genannten Taylorschen Formel (Fox 2009, S. 77) kann jede Parabel von einem beliebigen Punkt der Funktion aus allein mit Hilfe der Kenntnis der ersten und der zweiten Ableitung an diesem Punkt vollständig „rekonstruiert" werden.

$$f(x) = f(x_0) + f'(x_0)(x - x_0) + \frac{1}{2} f''(x_0)(x - x_0)^2 \qquad \text{Gl (4.16)}$$

Die Approximation der Devianzfunktion durch ein Polynom zweiten Grades in der näheren Umgebung eines Startwertes ist dementsprechend eine Parabel, die durch diesen Punkt und durch die erste und zweite Ableitung der Devianzfunktion an diesem Punkt eindeutig bestimmt ist. Die erste Ableitung ist uns schon bekannt:

$$D' = \frac{d\text{Devianz}}{db_1} = -2 \times \sum_{i=1}^{n} YX + 2 \times \sum_{i=1}^{n} \frac{e^{b_0 + b_1 X}}{1 + e^{b_0 + b_1 X}} X$$

Die zweite Ableitung ergibt sich als:

$$D'' = \frac{d^2 \text{Devianz}}{db_1^2}$$

$$= 2 \times \sum_{i=1}^{n} \frac{e^{b_0 + b_1 X} X \left(1 + e^{b_0 + b_1 X}\right) - e^{b_0 + b_1 X} e^{b_0 + b_1 X} X}{\left(1 + e^{b_0 + b_1 X}\right)^2} X$$

$$= 2 \times \sum_{i=1}^{n} \frac{e^{b_0 + b_1 X} \left(1 + e^{b_0 + b_1 X} - e^{b_0 + b_1 X}\right)}{\left(1 + e^{b_0 + b_1 X}\right)^2} X^2 \qquad \text{Gl (4.17)}$$

$$= 2 \times \sum_{i=1}^{n} \frac{e^{b_0 + b_1 X}}{\left(1 + e^{b_0 + b_1 X}\right)^2} X^2$$

$$= 2 \times \sum_{i=1}^{n} \frac{e^{b_0 + b_1 X}}{1 + e^{b_0 + b_1 X}} \frac{1}{1 + e^{b_0 + b_1 X}} X^2$$

$$= 2 \times \sum_{i=1}^{n} P(Y=1)[1 - P(Y=1)] X^2$$

Wir bestimmen nun nach der Taylorformel die entsprechende Parabel, wieder ausgehend vom Startwert für β_1, den wir auch schon in unserem einfa-

4 Das Maximum-Likelihood-Verfahren zur Schätzung der Logitfunktion

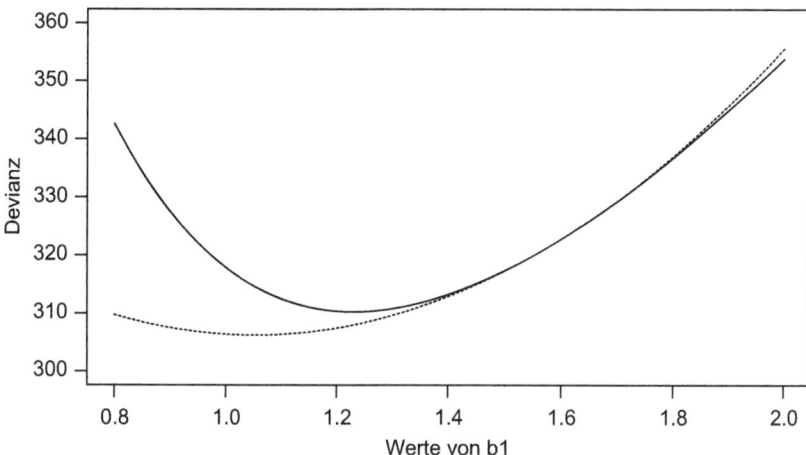

Abb. 4.10 Die Werte der Devianz in Abhängigkeit von β_1 und approximierende Funktion nach Newton-Raphson-Verfahren bzw. der Taylor-Formel

chen, handgestrickten Algorithmus verwendet haben. An diesem Startwert berechnen wir die erste und zweite Ableitung der Devianz entsprechend Gl. 4.15 und 4.17 und setzen die entsprechenden Werte in die Taylor'sche Formel ein. Die so erhaltene Parabel ist in Abb. 4.10 als gestrichelte Kurve abgebildet, zusammen mit der „wahren" Devianzfunktion, die wir rein rechnerisch bestimmt haben.

Die approximierende Funktion schmiegt sich also an die wahre Devianzfunktion beim Startwert von 1,6 sehr nahe an und verläuft dann so, wie eine Parabel mit derselben Steigung und derselben Krümmung wie die Devianzfunktion am Startwert verlaufen würde. Wie man sieht, sind die beiden Funktionen sehr ähnlich in der unmittelbaren Nähe des Startwerts und entfernen sich dann umso mehr voneinander, umso weiter man sich vom Startwert wegbewegt. Das Minimum der approximierenden Funktion liegt daher nicht allzu nahe am Minimum der approximierten Funktion, aber eben schon näher als der Startwert. Nur wenn diese Bedingung erfüllt ist, konvergiert der Algorithmus gegen den richtigen Wert. Das Minimum der approximierenden Funktion kann dann als neuer Startwert verwendet werden, um die approximierende Parabel der nächsten Iterationsstufe zu berech-

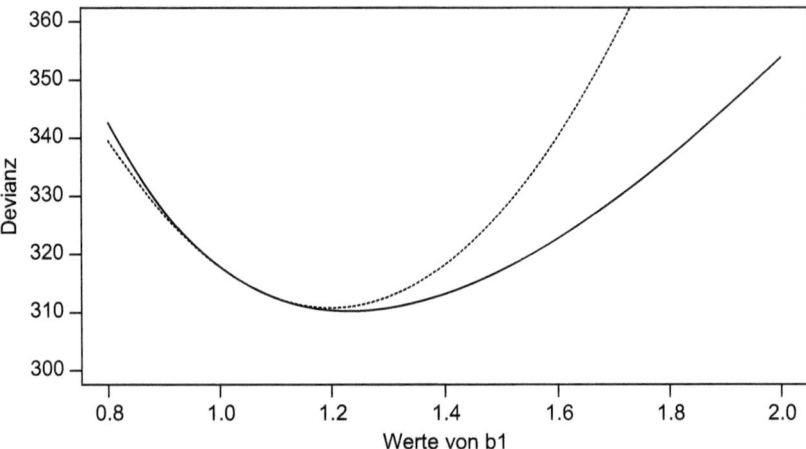

Abb. 4.11 Die Werte der Devianz in Abhängigkeit von β_1 und approximierende Funktion nach Newton-Raphson-Verfahren bzw. der Taylor-Formel in der zweiten Iteration

nen. Dabei lässt sich der Nullpunkt der Approximationsfunktion anhand der Taylor-Formel unmittelbar errechnen (vgl. Gill 2006, S. 247 ff.):

$$f(x) = f(x_0) + f'(x_0)(x - x_0) + \frac{1}{2}f''(x_0)(x - x_0)^2$$

$$\Rightarrow$$

$$f'(x) = f'(x_0) + f''(x_0)(x - x_0)$$

Gl (4.18)

$$f'(x_0) + f''(x_0)(x - x_0) = 0$$

$$x = x_0 - \frac{f'(x_0)}{f''(x_0)}$$

Für unser Beispiel liegt das Minimum der Parabel bei 1,0526. Davon ausgehend ergibt sich die approximierende Parabel in Abb. 4.11.

Das Minimum der Approximationsfunktion und damit der Startwert der nächsten Iteration ist 1,1973. Der nächste Wert ist 1,2298, der darauf folgende 1,2314. Dies ist auch der Wert, den man z. B. in R erhält. D. h. nach nur vier Iterationen hat man den Wert von β_1 auf Zehntausendstel genau bestimmt. Der Newton-Raphson Algorithmus konvergiert also sehr schnell und ist sehr effizient.

Um die Logik des Algorithmus zu demonstrieren, haben wir lediglich einen Parameter geschätzt. Ähnlich wie bei unserem einfachen, selbstgestrickten Algorithmus aber kann natürlich auch der Newton-Raphson Algorithmus so angewandt werden, dass bei jedem neuen Iterationsschritt simultan mehrere Parameterwerte geschätzt werden. Der Vektor $\hat{\beta}$ enthält die Schätzwerte für alle einzelnen β_i. Um den Vektor zu schätzen, benötigt man dann den sogenannten Gradienten, dieser stellt einen Vektor dar, der die ersten Ableitungen bzgl. aller Parameter enthält, und die sogenannte Hessematrix, die in der Diagonalen die zweiten Ableitungen und in den übrigen Zellen die Kreuzableitungen enthält. Die Schätzwerte der nächsten Iterationsstufe für $\hat{\beta}$ lassen sich dann auf der Basis derjenigen der letzten Iterationsstufe folgendermaßen berechnen (vgl. Eliason 1993, S. 43):

$$\hat{\beta}_{n+1} = \hat{\beta}_n - s_n \times H^{-1} \times S \qquad \text{Gl (4.19)}$$

mit

s_i Schrittlänge der Iteration (Voreinstellung $s_i = 1$)
S Gradient (englisch Score)

mit

$$S = S(\hat{\beta}) = \frac{dLL(\hat{\beta})}{d\hat{\beta}}$$

H Hessematrix von LogLikelihood in Abhängigkeit von Parametern mit

$$H = H(\hat{\beta}) = \frac{d^2LL(\hat{\beta})}{d\hat{\beta}_i d\hat{\beta}_j}$$

H^{-1} ist die sogenannte inverse Matrix von H, das heißt, es ist diejenige Matrix, mit der multipliziert die Matrix H die Einheitsmatrix ergibt. Im Falle der Eindimensionalität von $\hat{\beta}$ entspricht die Hessematrix einfach der zweiten Ableitung und das Inverse der Matrix dem Kehrwert der zweiten Ableitung. Damit ist unmittelbar erkennbar, dass Gl. 4.18 ein Spezialfall von Gl. 4.19 darstellt für den eindimensionalen Fall ist.

Tab. 4.10 Parameterwerte in Abhängigkeit von verschiedenen Startwerten

	Plausible Werte aufgrund von Sichtung per Augenschein		Beliebige Startwerte		Ergebnisse aus linearer Regression	
Iteration 0 (Startwerte)	−0,4	1,6	0	0	0,4955	0,0907
1	−0,26603539	1,05070203	−0,0182049	0,36284929	0,08412996	0,40525381
2	−0,30790634	1,1960812	−0,07548979	0,63288068	−0,0397392	0,67711411
3	−0,32201707	1,22993813	−0,16617362	0,90555308	−0,16508075	0,94588791
4	−0,32272159	1,23135541	−0,2637988	1,12278798	−0,27213635	1,14641333
5	−0,32272288	1,23135774	−0,31496877	1,21821527	−0,31760863	1,22321643
6	–	–	−0,32259829	1,23115779	−0,32267273	1,23128066
7	–	–	−0,32272285	1,23135769	−0,32272288	1,23135773
8	–	–	−0,32272288	1,23135774	−0,32272288	1,23135774

Der Newton bzw. Newton-Raphson Algorithmus konvergiert sehr schnell. Der Algorithmus konvergiert global, d. h. unabhängig von den gewählten Startwerten. Die Wahl der Startwert beeinflusst daher lediglich, in wie wenigen Schritten die Parameter konvergieren. Die Iteration wird abgebrochen, wenn sich die gefundenen Werte innerhalb eines bestimmten Präzisionsgrads nicht mehr verändern. Wir legen z. B. fest, dass die Iterationen abgebrochen werden sollen, wenn sich die vierte Nachkommastelle, wenn die Parameter entsprechend gerundet werden, nicht mehr ändert. Tabelle 4.10 enthält die geschätzten Parameterwerte in Abhängigkeit von verschiedenen Startwerten.

Die von R gelieferten Werte werden ebenfalls auf vier Nachkommastellen gerundet und betragen −0,3227 und 1,2314. Diese stellen also unsere Referenzwerte dar. Wenig überraschend ergibt sich, dass die Startwerte, die von uns aufgrund des groben Augenscheins gewählt wurden, am schnellsten konvergieren. Die Werte auf der fünften Iterationsstufe unterscheiden sich, auf die vierte Nachkommastelle gerundet, nicht mehr von denen der vierten Iteration, die Iteration kann also hier abgebrochen werden. Bei beliebigen Startwerten von 0 und 0 oder wenn wir die Ergebnisse einer linearen Regressionsanalyse als Startwerte heranziehen, dauert es etwas länger, die Werte konvergieren – entsprechend unserem Präzisionsgrad – in der achten Iteration. In jedem Fall erfolgt die Konvergenz also sehr schnell, die sogenannte *Konvergenzgeschwindigkeit* des Algorithmus ist hoch. Gut zu erkennen ist ebenfalls, dass beim Newton-Raphson-Algorithmus, im Gegensatz zu unserem einfachen handgestrickten Algorithmus, die Iterationssprünge am Anfang größer sind und sehr schnell sehr klein werden, wenn sie sich in der engeren Umgebung des sogenannten *Fixpunkts* befinden, also des Punkts, gegen den die Reihe konvergiert.

Interpretation der Koeffizienten der logistischen Regression

Im Gegensatz zum linearen Regressionsmodell ist die Interpretation der substanziellen Ergebnisse einer logistischen Regression, die sich in den Koeffizienten der Inputvariablen ausdrücken, nicht ganz einfach. Dies liegt unter anderem daran, dass der Effekt, den eine einzelne unabhängige Variable auf die abhängige ausübt, abhängig ist von der Stelle der Funktion, die man betrachtet. Befindet sich die abhängige Variable, also P(Y = 1), in der Nähe der Extremwerte 0 und 1, dann ist der Effekt der unabhängigen Variablen gering, während er seine maximale Größe im Zentrum der logistischen Funktion besitzt, also dort, wo P(Y = 1) annähernd 0,5 beträgt. Einfache lineare Regressionsmodelle, d. h. solche ohne Interaktionseffekte, gehen von der Additivitätsannahme aus, d. h. von der Erwartung, dass ein zusätzlicher Input einer bestimmten Größenordnung immer denselben zusätzlichen Effekt auf die abhängige Variable ausübt. In diesem Sinn macht die Begrenzung der abhängigen Variablen in der logistische Funktion nach oben und unten den Einfluss aller unabhängigen Variablen „inherently nonadditive and interactive" (Pampel 2000, S. 8). Der Effekt einer unabhängigen Variablen hängt davon ab, auf welches Niveau die abhängige Variable P(Y = 1) durch andere unabhängige Variablen oder auch sie selbst gehievt worden ist. Dieser Umstand macht es nötig, dass wir bei der Diskussion der Interpretation der Effekte einer unabhängigen Variablen vom multivariaten Fall ausgehen sollten, um die Allgemeinheit zu gewährleisten. Der lineare Prädiktor w hat demnach bei insgesamt k Prädiktoren die allgemeine Form:

$$\omega = \beta_0 + \beta_1 X_1 + \beta_2 X_2 + \ldots \beta_j X_j + \ldots \beta_k X_k \qquad \text{GL (5.1)}$$

bzw. für Individuum i

$$\omega_i = \beta_0 + \beta_1 x_{i1} + \beta_2 x_{i2} + \ldots \beta_j x_{ij} + \ldots \beta_k x_{ik} \qquad \text{GL (5.2)}$$

Üblich ist die Darstellung in der Matrixform:

$$\omega = X\boldsymbol{\beta} \qquad \text{GL (5.3)}$$

bzw.

$$\omega_i = X_i\boldsymbol{\beta} \qquad \text{GL (5.4)}$$

wobei durch die Fettschreibweise ausgedrückt werden soll, dass es sich bei **X** bzw. **β** um eine Matrix bzw. einen Vektor handelt und nicht um einen einzelnen Wert. Es gilt also:

$$X = \begin{pmatrix} x_{10} \, x_{11} \, x_{12} \ldots x_{1j} \ldots x_{1k} \\ x_{20} \, x_{21} \, x_{22} \ldots x_{2j} \ldots x_{2k} \\ \ldots \\ x_{i0} \, x_{i1} \, x_{i2} \ldots x_{ij} \ldots x_{ik} \\ \ldots \\ x_{n0} \, x_{n1} \, x_{n2} \ldots x_{nj} \ldots x_{nk} \end{pmatrix}$$

und

$$\boldsymbol{\beta} = \begin{pmatrix} \beta_0 \\ \beta_1 \\ \beta_2 \\ \ldots \\ \beta_j \\ \beta_k \end{pmatrix}$$

Die Darstellung von β als sogenannten Spaltenvektor ist willkürlich. Tatsächlich ist bei einem Vektor lediglich die Anordnung der Einträge festgelegt, ansonsten sind verschiedene Darstellungsformen z. B. als Zeilen- oder Spaltenvektor funktional äquivalent. Die Darstellung als Spaltenvektor behandelt den Vektor β gewissermaßen als Spezialfall einer zweidimensionalen Matrix, die allerdings nur eine Spalte besitzt. Wenn in diesem Sinn β als Spaltenvektor dargestellt wird, lässt sich die Multiplikation von **X** und **β** nach den Regeln der Matrixalgebra (siehe untenstehenden Kasten), in diesem Fall der Multiplikation von Matrizen, durchführen. Statistikpakete wie R behandeln außerdem Vektoren per Voreinstellung als Spaltenvektoren.

Diese Konvention macht es unnötig, im Einzelfall genauer zu spezifizieren, ob der Vektor als Spalten- oder Zeilenvektor interpretiert werden soll, so dass die entsprechenden Operationen auf eindeutige Weise durchgeführt werden können. Der einzige „Schönheitsfehler" der Matrixschreibweise der Linearkombination besteht darin, dass sich in der Matrixdarstellung die Reihenfolge von Koeffizienten und Variablenausprägungen im Vergleich zur expliziten und ausführlichen Schreibweise umkehrt, was für den in der Matrixalgebra ungeübten Leser womöglich manchmal verwirrend sein mag.

Da der Spaltenvektor β auch die Konstante β_0 enthält, ist zu beachten, dass in der Datenmatrix X nicht nur die unabhängigen Variablen enthalten sind, sondern dass die erste Spalte für alle Fälle den konstanten Wert „1" enthält.

Infobox 5.1: Einige elementare Operationen der Matrixalgebra

Existieren zwei Vektoren v und w mit Länge k mit $v = (v_1, v_2, ... v_j, ... v_k)^1$ und $w = (w_1, w_2, ... w_j, ... w_k)$, dann ist das sogenannte Skalarprodukt aus v und w oder $v*w$ gleich der Summe der Produkte aus den korrespondierenden Elementen der beiden Vektoren.

$$v * w = \sum_{i=1}^{k} v_i w_i = v_1 w_1 + v_2 w_2 + ... v_j w_j + ... v_k w_k \qquad \text{Gl (5.5)}$$

Das Skalarprodukt ist selbst ein Skalar, also ein Zahlenwert, und nicht ein Vektor. Gelegentlich und insbesondere im Englischen wird das Skalarprodukt auch als das innere Produkt (inner product) aus zwei Vektoren bezeichnet.

Seien X und Y zwei Matrizen, wobei x_{ij} bzw. y_{ij} das Element in der i-ten Zeile und j-ten Spalte der Matrix bezeichnen. Dann sei X_i gleich der i-ten Zeile der Matrix bzw. der Zeilenvektor, der den Einträgen in der i-ten Zeile der Matrix entspricht. $X_{.j}$ sei gleich der j-ten Spalte bzw. der Spaltenvektor, der den Einträgen in der j-ten Spalte entspricht. Das Produkt der beiden Matrizen $Z = XY$ entsteht dann, indem man z_{ij} als Skalarprodukt aus X_i und $Y_{.j}$ berechnet. Es lassen sich daher nur zwei Matrizen miteinander multiplizieren, wenn die Anzahl der Spalten der ersten Matrix der Anzahl der Zeilen der zweiten Matrix entspricht, denn die Anzahl der Spalten einer Matrix ist immer zugleich die Länge jedes Zeilenvektors und die Anzahl der Zeilen

---

[1] Bei der Darstellung eines Vektors als Zeilenvektor ist es häufig üblich, die einzelnen Elemente durch Kommata zu trennen. Dies dient lediglich der Übersichtlichkeit.

ist immer gleich der Länge jedes Spaltenvektors innerhalb der Matrix. Sei **X** eine m×n Matrix, also eine Matrix mit m Zeilen und n Spalten, und **Y** eine n×k Matrix. Dann können die beiden Matrizen miteinander multipliziert werden und das Produkt **Z** ist eine m×k Matrix.

$$\mathbf{XY} = \begin{pmatrix} X_{1.} \times Y_{.1} & X_{1.} \times Y_{.2} \ldots X_{1.} \times Y_{.j} \ldots X_{1.} \times Y_{.k} \\ X_{2.} \times Y_{.1} & X_{2.} \times Y_{.2} \ldots X_{2.} \times Y_{.j} \ldots X_{2.} \times Y_{.k} \\ X_{i.} \times Y_{.1} & X_{i.} \times Y_{.2} \ldots X_{i.} \times Y_{.j} \ldots X_{i.} \times Y_{.k} \\ X_{m.} \times Y_{.1} & X_{m.} \times Y_{.2} \ldots X_{m.} \times Y_{.j} \ldots X_{m.} \times Y_{.k} \end{pmatrix} = \begin{pmatrix} z_{11} & z_{12} \ldots z_{1j} \ldots z_{1k} \\ z_{21} & z_{22} \ldots z_{2j} \ldots z_{2k} \\ z_{i1} & z_{i2} \ldots z_{ij} \ldots z_{ik} \\ z_{m1} & z_{m2} \ldots z_{mj} \ldots z_{mk} \end{pmatrix} = \mathbf{Z}$$

Gl (5.6)

Die Reihenfolge, in der zwei Matrizen miteinander multipliziert werden, ist von Bedeutung. Vertauscht man die Reihenfolge, dann muss das entsprechende Skalarprodukt aus der i-ten Zeile von **X** und der j-ten Spalte von **Y**, wenn **X** vor **Y** steht, als Skalarprodukt der j-ten Zeile von **Y** und der i-ten Spalte von **X** berechnet werden, wenn **Y** vor **X** steht. Dazu müssen die entsprechenden Matrizen transponiert werden. Die transponierte Matrix erhält man jeweils, indem man Zeilen und Spalten miteinander vertauscht. Die transponierte Matrix von **X** wird als **X**^{t} oder manchmal auch als **X**' bezeichnet. Es gilt daher:

$$\mathbf{XY} = \mathbf{Y}^t\mathbf{X}^t \qquad \text{Gl (5.7)}$$

Der lineare Ausdruck **X**β ließe sich daher genauso als β^t**X**^{t} darstellen. Die Matrix **X**^{t} entspricht der transponierten Datenmatrix, in der also die Variablen den Zeilen und die Fälle den Spalten entsprechen. Will man die Konvention einhalten, dass die Zeilen der Datenmatrix den Fällen entsprechen sollen, ist demnach die Darstellung **X**β vorzuziehen. Der „Schönheitsfehler" der Umkehrung der Reihenfolge von Koeffizienten und Variablenwerten gegenüber der expliziten Darstellung ist der Preis, den man für die effizientere Darstellung zu zahlen hat.

5 Interpretation der Koeffizienten der logistischen Regression

freistehende Spitzmarke Die Ausprägungen der ursprünglichen abhängigen Variablen sind bei einer (binären) logistischen Regression lediglich 0 und 1. Für die Schätzung aber ist lediglich der Wert $P(Y=1)$ relevant. Dies ist ein elementarer Unterschied zu einer Regression mit kontinuierlich verteilten abhängigen Variablen. Der Schätzwert ist immer die beste Schätzung der abhängigen Variablen in Abhängigkeit von bestimmten Ausprägungen der unabhängigen Variablen, also z. B. $Y|X$ oder eben $P(Y=1|X)$, der Schätzwert ist insofern der beste Repräsentant der Verteilung aller beobachteten Werte der abhängigen Variablen in Abhängigkeit von bestimmten Ausprägungen der unabhängigen Variablen. Bei einer kontinuierlich verteilten abhängigen Variablen kann dieser repräsentative Werte auch tatsächlich beobachtet werden, meist ist es sogar der Wert, der zumindest theoretisch, d. h. a priori, mit der größten Wahrscheinlichkeit beobachtet werden sollte. Der Schätzwert ist also zugleich ein typischer Wert der von ihm repräsentierten Verteilung. Im Falle der logistischen Regression ist dies wegen der diskreten und binären Struktur der abhängigen Variablen etwas anders. Der gefundene Schätzwert für die abhängige Variable $P(Y=1|X)$ ist kein typischer Wert der Verteilung der tatsächlich beobachteten Werte, sondern lediglich der Wert, aus dem sich die Verteilung mit der größten Wahrscheinlichkeit reproduzieren lässt, wenn man diesen Produktions- bzw. Reproduktionsprozess als Generierung einer sogenannten Bernoullikette interpretiert. Eine Bernoullikette entsteht aus der Durchführung einer Vielzahl von sogenannten Bernoulli-Experimenten, bei denen ein bestimmtes Ereignis, in unserem Fall das Ereignis $Y=1$, entweder auftritt oder nicht auftritt (vgl. Behnke und Behnke 2006, S. 229).

Für die inhaltliche Interpretation beziehen wir uns bei jeder Regressionsanalyse nicht auf den Zusammenhang zwischen den tatsächlich beobachteten Werten der abhängigen Variablen und den Werten der unabhängigen Variablen, sondern auf den Zusammenhang zwischen den Schätzwerten der abhängigen Variablen mit den Werten der unabhängigen Variablen, also den Zusammenhang, den wir erwarten würden, wenn die Beobachtungen von den „Fehlern" bzw. allgemeiner Verzerrungen bereinigt wären, die durch die Fehlerkomponente z. B. in Gl. 2.2 ausgedrückt werden. Bei der logistischen Regression ist es daher der Zusammenhang zwischen $P(Y=1|X)$ bzw. von $\pi|X$ oder einfach nur von $P(Y=1)$ bzw. π und den unabhängigen Variablen, der im Fokus des Interesses steht, und der interpretiert werden soll. Wenn gelegentlich etwas nachlässig zwischen dem Zusammenhang zwischen abhängiger und unabhängiger Variable die Rede ist, dann ist immer dieser Zusammenhang gemeint. Grundsätzlich sind diese Zusammenhänge immer nur im Sinne einer Prognose zu verstehen und nicht eines kausalen Zusammenhangs. Der Zusammenhang zwischen π und den unabhängigen Variablen ist also so zu interpretieren, dass mit Kenntnis der unabhängigen Variablen ein Wert von π

bestimmt werden kann, der seinerseits wieder die tatsächlich gemachten Beobachtungen besser prognostizieren kann als ein anderer Wert, den man erhält, ohne die in den unabhängigen Variablen enthaltenen Informationen auszuwerten. Ob dieser Zusammenhang kausal bedingt ist, kann durch die Natur des statistischen Modells nicht enthüllt werden, das statistische Modell ist gegenüber dem kausalen Aspekt blind und stumm zugleich, weder „sieht" es ihn noch macht es eine Aussage über ihn. Natürlich sind wir aber in der Forschung in der Regel an kausalen Zusammenhängen interessiert, zumindest machen diese die wirklich spannenden Themen der Forschung aus. Diese Einbindung des kausalen Aspekts findet aber auf der Ebene der Theorieformulierung statt und wird lediglich in das statistische Modell insoweit hineingetragen, als wir das passende statistische Modell zur Überprüfung der uns interessierenden theoretischen Fragestellungen suchen und entwerfen müssen.

Die entscheidende Frage für die Auswahl der für die Interpretation geeigneten Konzepte lautet also: Welches Konzept bzw. welche Darstellung der Ergebnisse ist am aufschlussreichsten in Hinsicht auf die Antworten, die mit Hilfe dieser Darstellung auf die uns interessierenden Fragestellungen gewonnen werden können? Oder noch etwas einfacher: *Welche Darstellung der Ergebnisse liefert uns die Antworten auf die theoretisch relevanten Fragen?* Wenn wir uns an dieser Überlegung orientieren, erleichtert es uns die Beurteilung, welche Darstellungsformen der Ergebnisse hilfreich und welche weniger hilfreich sind.

Wir beginnen mit der Interpretation der Koeffizienten der logistischen Regressionsgleichung selbst, also der Darstellung der Logits von P(Y = 1) bzw. π als lineare Funktion der unabhängigen Variablen. Die allgemeine Form lautet:

$$\text{Logit}(P(Y=1)) = \beta_0 + \beta_1 X_1 + \ldots \beta_j X_j + \ldots \beta_k X_k = \mathbf{X}\boldsymbol{\beta} \qquad \text{Gl (5.8)}$$

Als konkretes Beispiel greifen wir auf die Untersuchung der Wahlteilnahme zurück. Als unabhängige Variablen nehmen wir in das Modell ein Maß für Parteienverdrossenheit auf, nämlich den Punktewert der auf dem Sympathieskalometer am besten bewerteten Partei (*maxsymp*), das politische Interesse (*polint*), die Zufriedenheit mit der Demokratie (*demzuf*) und das Vorhandensein einer Parteiidentifikation (*pid*). Die Variable *maxsymp* nimmt Werte zwischen −5 und +5 an, *polint* und *demzuf* hingegen werden auf einer Skala von 1 bis 5 gemessen, wobei die Ausprägung „5" jeweils das höchste Maß an politischem Interesse bzw. Zufriedenheit mit der Demokratie angibt. Die Variable *pid* ist dichotomer Natur und besitzt nur zwei Ausprägungen, „1" bedeutet, dass der/die Befragte über eine Parteineigung verfügt, „0", dass dies nicht der Fall ist. Es ergibt sich das folgende Resultat:

$$\text{Logit}(P(\text{Wahlteilnahme})) = -3{,}08 + 0{,}27 \times \text{maxsymp} + 0{,}92 \times \text{polint}$$
$$+ 0{,}45 \times \text{demzuf} + 1{,}28 \times \text{pid}$$

Das Logit der Wahrscheinlichkeit, an der Wahl teilzunehmen, nimmt also z. B. um 0,27 zu, wenn die am besten bewerteten Partei einen Sympathiepunkt mehr erhält, um 0,92, wenn das politische Interesse um einen Skalenpunkt höher ausfällt, um 0,45, wenn die Bewertung der Demokratie um einen Skaleneinheit steigt, und um 1,28, wenn der Befragte über eine Parteieignung verfügt. Der Vorteil dieser Darstellung besteht darin, dass die Effekte der unabhängigen Variablen auf das Logit der Wahlteilnahmewahrscheinlichkeit additiv und linear sind. Allerdings haben wir nichts von diesem „Vorteil", weil wir über keine geeignete, d. h. anschauliche Vorstellung von Logits verfügen. Da die Logitfunktion ja den Logarithmus der Odds von π darstellt, und sowohl der Logarithmus als auch die Odds streng monotone Abbildungen darstellen, können wir aber zumindest die Vorzeichen interpretieren. Die Wahrscheinlichkeit, an der Wahl teilzunehmen, nimmt also zu, wenn das Parteiensystem besser bewertet wird, das politische Interesse zunimmt oder die Zufriedenheit mit der Demokratie ansteigt und wenn man über eine Parteieignung verfügt. Jede darüber hinausgehende Interpretation der Logits ist schwierig bis nicht durchführbar, insbesondere ist es nicht möglich, eine Vorstellung von der Stärke des jeweiligen Effekts einer unabhängigen Variablen zu erhalten. Die unmittelbare Interpretation der Koeffizienten ist daher wenig hilfreich und liefert in Form der Vorzeichen nur sehr rudimentäre Information.

Interpretation der Effektkoeffizienten in Bezug auf die Odds
Etwas einfacher und grundsätzlich durchaus sinnvoll zu interpretieren, sind die sogenannten Effektkoeffizienten. Sie geben die Veränderungen der Odds an und werden daher auch als Odds-Ratio bezeichnet. Die Effektkoeffizienten sind vor allem in Gebieten verbreitet, in denen die Interpretation von Ergebnissen in Form von Odds sehr üblich ist, so z. B. im medizinischen und biologischen Bereich. Allerdings beinhaltet die Interpretation von Odds oder Odds-Ratios für den nicht so geübten Leser und Forscher einige Fallstricke und ist mit Vorsicht zu genießen. Wie sinnvoll und hilfreich es ist, die Ergebnisse einer logistischen Regression mit Hilfe der Odds und des Effektkoeffizienten zu präsentieren, wird daher in der Literatur unterschiedlich beurteilt. Jeder Forscher sollte sich darum selber fragen, inwieweit die Darstellung der Ergebnisse mit Hilfe von Odds bzw. Effektkoeffizienten genau die Aspekte der Ergebnisse abbildet, auf deren Präsentation er Wert legt. Allerdings sollten solche methodologischen Vorüberlegungen grundsätzlich bei jeder Form der Ergebnisdarstellung gemacht werden.

Um die Darstellung in Odds zu erhalten, delogarithmieren wir die Logits. Da die Umkehrfunktion der Logarithmusfunktion die Exponentialfunktion ist, bedeutet dies einfach, dass die rechte Seite der Gleichung in den Exponenten der Exponentialfunktion gestellt wird.

$$\text{Odds}(P(Y=1)) = \text{Odds}(\pi) = \frac{\pi}{1-\pi} = e^{\beta_0 + \beta_1 X_1 + \beta_2 X_2 + \ldots \beta_j X_j + \ldots \beta_k X_k} = e^{X\beta} \quad \text{Gl (5.9)}$$

Eine Summe von Exponenten lässt sich in der Expontialfunktion auch als Produkt der Exponentialzahlen der einzelnen Exponenten darstellen. Eine alternative Darstellungsform der obigen Formel ist daher:

$$\text{Odds}(P(Y=1)) = \text{Odds}(\pi) = \frac{\pi}{1-\pi} = e^{\beta_0} \times e^{\beta_1 X_1} \times e^{\beta_2 X_2} \times \ldots e^{\beta_j X_j} \times \ldots e^{\beta_k X_k} \quad \text{Gl (5.10)}$$

Ein zusätzlicher *additiver* Input der Variablen X_j um eine Einheit führt also dazu, dass die Odds von π sich mit dem *Faktor* e^{β_j} verändern. Wenn $\beta_j > 0$ ist der Faktor größer als 1, d. h. das Gesamtprodukt wird größer, umgekehrt vermindert sich das Gesamtprodukt, wenn $\beta_j < 0$, da der Faktor e^{β_j} dann kleiner als 1 wird. Die zur Basis e potenzierten Koeffizienten, also die Ausdrücke der Form e^{β_j}, werden als Effektkoeffizienten bezeichnet. Da sie wegen des multiplikativen Zusammenhangs das Verhältnis angeben, in dem sich die Odds verändern, wenn sich die entsprechende unabhängige Variable um eine Skaleneinheit erhöht, werden sie auch als Odds-Ratio bezeichnet.

Die inhaltliche Interpretation ist allerdings nicht ganz unkompliziert und soll wieder am Beispiel der logistischen Regressionsanalyse zur Erklärung der Wahlteilnahme erläutert werden. Die entsprechenden Koeffizienten und Effektkoeffizienten sind in Tab. 5.1 aufgeführt.

Tab. 5.1 Koeffizienten und Effektkoeffizienten der logistischen Regression zur Erklärung der Wahlteilnahme

	β	e^β
(Intercept)	−3,08	0,05
Maxsymp	0,27	1,31
Polint	0,92	2,52
Demzuf	0,45	1,57
Pid	1,28	3,58

Da alle vier Variablen einen positiven Effekt ausüben, sind die Effektkoeffizienten jeweils größer als 1, d. h. die Odds nehmen zu, wenn die Werte der Variablen ansteigen. Die Odds-Ratio der Variablen *polint* z. B. ist ca. 2,5. Nimmt das politische Interesse also um eine Einheit zu, verändert sich das Verhältnis der Wahrscheinlichkeit zur Wahl zu gehen zur Wahrscheinlichkeit, nicht an der Wahl teilzunehmen, um den Faktor 2,5. Betragen die Odds etwa bei einer bestimmten Kombination von Werten der unabhängigen Variablen 1, also 50:50, dann erhöhen sie sich auf 2,5, also ungefähr 71:29, wenn das politische Interesse um eine Skaleneinheit zunimmt, während alle anderen Variablenwerte konstant gehalten werden.

5 Interpretation der Koeffizienten der logistischen Regression

Erhöht sich das politische Interesse isoliert, also ceteris paribus, noch einmal um eine Skaleneinheit, dann betragen die Odds $2,5^2{:}1$ bzw. 6,25:1 bzw. 86:14 . Eine anschauliche Interpretation der Odds bzw. des Effekts, der mit der Odds-Ratio ausgedrückt werden soll, ist also kaum möglich, ohne auf konkrete Beispielwerte und damit auf konkrete Wahrscheinlichkeiten einzugehen. Dasselbe Verhältnis, in dem sich die Odds verändern, zieht allerdings unterschiedlich große Veränderungen der Wahrscheinlichkeiten nach sich. Auf der ersten Stufe unseres Beispiels z. B. erhöhte sich die Wahlteilnahmewahrscheinlichkeit von 50 auf 71 %, wenn das politische Interesse um eine Einheit zunimmt, auf der zweiten Stufe jedoch „nur" noch um 15 Prozentpunkte, wenn sich die Wahrscheinlichkeit von 71 auf 86 % erhöht. Dies ist es, was mit dem „inhärenten" interaktiven Charakter der logistischen Regression gemeint ist. Der absolute Effekt, in Bezug auf die Wahrscheinlichkeiten, den die unabhängige Variable auf die abhängige Variable ausübt, hängt vom Wert der unabhängigen Variablen selbst ab. Genau dies bewirkt ja den nichtlinearen Charakter der Funktion. Die Nichtlinearität der logistischen Funktion und ihr „inhärent" interaktiver Charakter sind demnach zwei Seiten einer Medaille.

Um den Effekt der Odds-Ratio anschaulich zu illustrieren, muss man also auf konkrete Werte der unabhängigen Variablen zurückgreifen und diese im Zusammenhang mit Veränderungen von Wahrscheinlichkeiten ausdrücken. Ohne den beispielhaften Verweis auf bestimmte, möglicherweise herausgehobene Wahrscheinlichkeitswerte ist ein intuitives Verständnis von Odds-Ratios annähernd genauso schwer zu erzielen wie das von Logits. Wenn man sich aber kein wirklich gutes Bild von einem Effekt machen kann, ohne auf den Begriff der Wahrscheinlichkeiten und deren Veränderungen zurückzugreifen, denn diese Veränderungen sind es auch in der Regel, die uns aus inhaltlichen und theoretischen Gründen interessieren, dann scheint es sinnvoller, die Effekte auch direkt mit Hilfe der Wahrscheinlichkeiten zu illustrieren. Unabhängig davon ist auch davon auszugehen, dass es bei Gebrauch der Odds oder Odds-Ratio häufig zu begrifflichen Verwirrungen in Abgrenzung zu Wahrscheinlichkeiten kommt. Wenn Odds von 4:1 womöglich noch sehr unmittelbar in eine entsprechende Wahrscheinlichkeit von 80 % transformiert werden können, so ist es beim Kehrwert 1:4 schon wesentlich fragwürdiger, ob hier der Nenner nicht häufig als Ausdruck des gesamten Ereignisraums gedeutet wird (und nicht nur der Gegenereignisse), so dass Odds von 1:4 häufig als Wahrscheinlichkeit von 25 % falsch interpretiert werden könnten. Dies alles lässt berechtigt daran zweifeln, ob Odds bzw. Odds-Ratios grundsätzlich eine besonders sinnvolle Form der Interpretation der Ergebnisse einer logistischen Regression darstellen (vgl. Gelman und Hill 2007, S. 83; Best und Wolf 2010, S. 832). Die Verwendung von Odds zur Ergebnisdarstellung sollte daher inhaltlich gut begründet sein, d. h. das Wesen des beschriebenen Effekts sollte plausibel in der durch Odds dargestellten Weise interpretiert werden können, wie es z. B. der Fall ist, wenn sich die Veränderungen der abhängigen Variablen als Wachstumseffekte interpretieren lassen oder als etwas, was Ähnlichkeiten zu Wachstumseffekten aufweist.

Interpretation der Ergebnisse einer logistischen Regression in Bezug auf die Wahrscheinlichkeiten
Nach dem oben genannten Prinzip gilt, dass wir die Form der Darstellung der Ergebnisse wählen sollten, die uns die angemessenen Antworten auf die uns interessierenden Fragen liefert. Die Variable, die im Fokus unseres Interesses liegt, d. h. diejenige, deren Ausprägung wir erklären wollen, ist die abhängige Variable, allerdings mit der erwähnten Modifikation, dass wir nicht die einzelnen Ausprägungen erklären wollen, sondern einen Schätzwert, der eine Verteilung einzelner Ausprägungen von Werten am besten reproduziert. Die zu erklärende Variable ist also nicht im strengen Sinn identisch mit der abhängigen Variablen, sondern stellt die Wahrscheinlichkeit dar, mit der die abhängige Variable den Wert „1" annimmt. Demnach interessiert uns letztlich der Effekt, den die unabhängigen Variablen auf diese Wahrscheinlichkeit $P(Y=1)$ ausüben. Wenn wir von der Wirkung bzw. dem Effekt einer unabhängigen Variablen sprechen, den diese auf die abhängige Variable ausübt, dann meinen wir damit, dass die abhängige Variable aufgrund dieser Wirkung einen anderen Wert annimmt, als sie es ohne den auf sie ausgeübten Effekt getan hätte. D. h. wir sprechen von Veränderungen der zu erklärenden Variablen, die sich auf eine Variation in den unabhängigen Variablen zurückführen lässt. Am günstigsten ist es natürlich, wenn sich der Grad der Änderung quantifizieren lässt, was der Fall ist, wenn die zu erklärende Variable intervallskaliert ist. Dies gilt bei der logistischen Regression insofern, als zwar die abhängige Variable selbst dichotomer Natur ist, die zu erklärende Größe hingegen, die Wahrscheinlichkeit $P(Y=1)$, aber intervallskaliert ist. Die Stärke des Effekts wird dann als die Stärke der Veränderung der zu erklärenden Variablen in Abhängigkeit eines bestimmten Ausmaßes der Veränderung bei der unabhängigen Variablen interpretiert. Natürlich ist es am einfachsten, wenn das Verhältnis der Veränderung der abhängigen Variablen zur Veränderung der unabhängigen Variablen immer gleich groß ist, wie dies bei linearen Modellen der Fall ist. Wenn dieses Verhältnis bei nichtlinearen Modellen variiert, kann man aber immer noch die Stärke des Effekts bzw. die Veränderung in Bezug auf einen bestimmten Bereich interpretieren. Denn auch wenn die theoretische logistische Regressionskurve alle möglichen Werte durchläuft, so streut die unabhängige Variable nur über einen bestimmten Bereich des Definitionsbereichs der Funktion und dementsprechend auch die abhängige Variable. Einen ersten Aufschluss erhält man daher, wenn man den kritischen Bereich betrachtet, also denjenigen der geschätzten Funktion, der dem tatsächlich auftreten-

5 Interpretation der Koeffizienten der logistischen Regression

Tab. 5.2 Geschätzte Werte für Wahrscheinlichkeit der Wahlteilnahme mit Hilfe der Sympathie für bestbewertete Partei

X	−5	−4	−3	−2	−1	0	1	2	3	4	5
P(Y = 1)	0,14	0,21	0,29	0,40	0,51	0,63	0,73	0,81	0,87	0,92	0,95

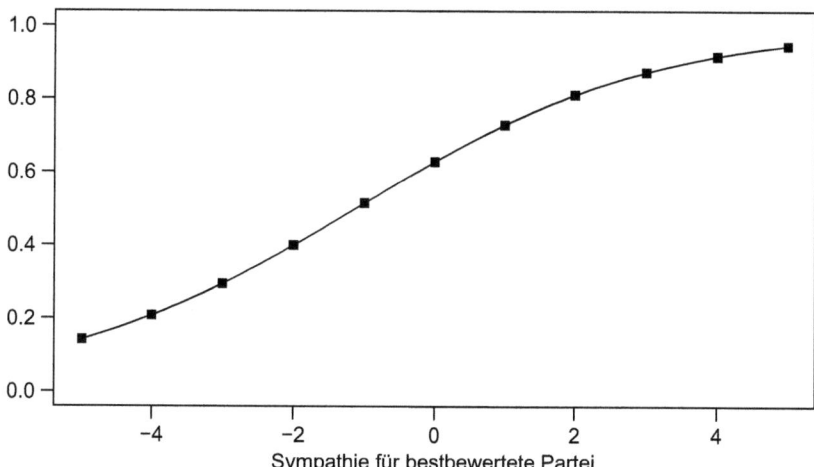

Abb. 5.1 Bivariate Regressionsanalyse, Erklärung der Wahlteilnahme mit Sympathie für bestbewertete Partei

den Bereich der unabhängigen Variablen entspricht. Wir können diesen Eindruck dann entweder graphisch darstellen, indem wir auf der X-Achse nur den Bereich von tatsächlich vorkommenden Werten der unabhängigen Variablen abbilden. Oder wir können die Ergebnisse in Form einer Tabelle festhalten, in der die Schätzwerte von P(Y = 1) für den Minimalwert und den Maximalwert der unabhängigen Variablen dargestellt werden.

Auch wenn mehrere unabhängige Variablen in das Gesamtmodell einfließen sollen, gewinnt man in der Regel schon interessante Informationen, wenn man sich zuerst einmal die bivariaten Zusammenhänge ansieht. Die Abb. 5.1 bis 5.4 z. B. stellen daher die bivariate logistische Regressionsfunktion jeweils für die Spannweite der unabhängigen Variablen *maxsymp, polint, demzuf* und *pid* unseres Beispiels zur Erklärung der Wahlteilnahme dar. Die Schätzwerte für tatsächlich auftretende Werte der unabhängigen Variablen sind als schwarze Quadrate dargestellt. Die Tab. 5.2 bis 5.5 enthalten die dazugehörigen Werte.

Tabelle 5.6 enthält die geschätzten Werte nur für den minimalen und maximalen Wert der unabhängigen Variablen. Die logistischen Regressionen beziehen sich

Tab. 5.3 Geschätzte Werte für Wahrscheinlichkeit der Wahlteilnahme mit Hilfe des politischen Interesses

X	1	2	3	4	5
P(Y=1)	0,40	0,71	0,89	0,97	0,99

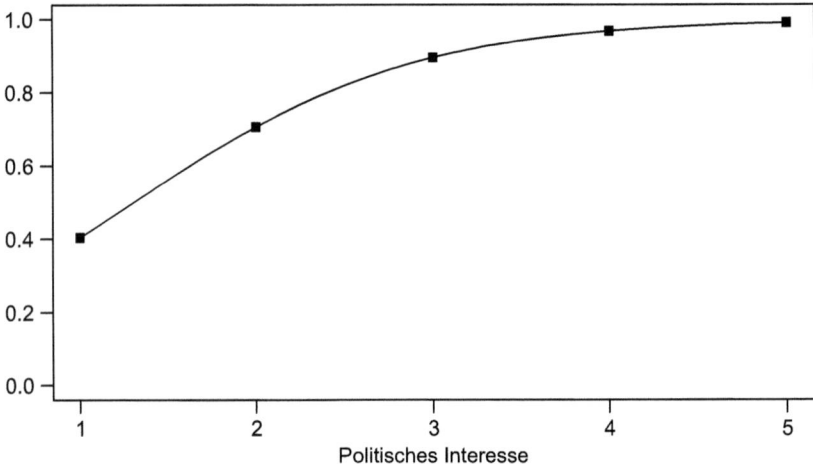

Abb. 5.2 Bivariate Regressionsanalyse, Erklärung der Wahlteilnahme mit politischem Interesse

hier jeweils auf bivariate Zusammenhänge, d. h. es handelt sich um Modelle, bei denen die jeweilige unabhängige Variable die *einzige* unabhängige Variable ist.

Über die gesamte Spannweite hinweg übt die Variable *maxsymp* den größten Effekt aus. Liegt die Wahlteilnahmewahrscheinlichkeit beim Minimalwert von *maxsymp* bei nur 0,14, so steigt sie bis auf 0,94 beim Maximalwert. Den geringsten Effekt über die Spannweite übt das Vorhandensein einer Parteineigung aus. Hier muss allerdings beachtet werden, dass die Variable nur zwei Ausprägungen besitzt, der Sprung von 0,65 auf 0,94 wird hier alleine dadurch bewirkt, dass eine Parteineigung vorliegt.

Etwas komplexer wird die Darstellung naturgemäß, wenn man von der bivariaten Regression mit nur einer unabhängigen Variablen auf Modelle mit multiplem Input übergeht, wenn also alle unabhängigen Variablen in einem einzigen statistischen Modell gemeinsam auftreten. Wegen des „inhärent" interaktiven Charakters der logistischen Regressionfunktion hängt der Wahrscheinlichkeitswert, auf den ein bestimmter Wert einer unabhängigen Variablen abgebildet wird, von den Ausprägungen der anderen unabhängigen Variablen ab. Auch der Effekt einer unab-

Tab. 5.4 Geschätzte Werte für Wahrscheinlichkeit der Wahlteilnahme aufgrund Demokratiezufriedenheit

X	1	2	3	4	5
P(Y=1)	0,52	0,68	0,81	0,89	0,94

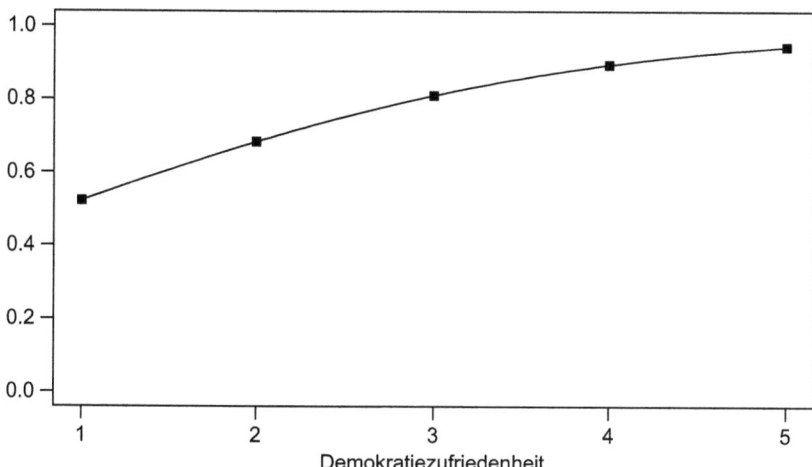

Abb. 5.3 Bivariate Regressionsanalyse, Erklärung der Wahlteilnahme mit Demokratiezufriedenheit

hängigen Variablen auf die Wahrscheinlichkeit, d. h. die durch eine Veränderung des Inputs um einen bestimmten Wert bedingte Veränderung der Wahrscheinlichkeit, hängt demnach von den anderen unabhängigen Variablen ab. Wir können den Effekt einer unabhängigen Variablen daher nur als isolierten bzw. bedingten Effekt darstellen, indem wir die betreffende Variable isoliert variieren lassen, während wir die Werte aller anderen unabhängigen Variablen konstant halten. Es ist nun sinnvoll, als den Wert, auf den die anderen Variablen fixiert werden, einen Wert zu nehmen, der die Verteilung dieser Variablen als einzelner am besten repräsentiert. Daher bietet es sich an, zur Darstellung des bedingten Zusammenhangs zwischen abhängiger Variablen und einer bestimmten unabhängigen Variablen, alle anderen Variablen in Form ihrer Mittelwerte in die Funktion eingehen zu lassen, wodurch sich die Funktion faktisch auf einen (bedingten) bivariaten Zusammenhang reduziert. In der Konstanten sind dann die anderen Variablen in Form ihres jeweiligen Mittelwerts enthalten, d. h. die Konstante stellt daher die Wahrscheinlichkeit P(Y=1) dar, wenn die kritische unabhängige Variable den Wert „0" und alle ande-

Tab. 5.5 Geschätzte Werte für Wahrscheinlichkeit der Wahlteilnahme aufgrund Vorhandensein einer Parteineigung

X	0	1
P(Y = 1)	0,65	0,94

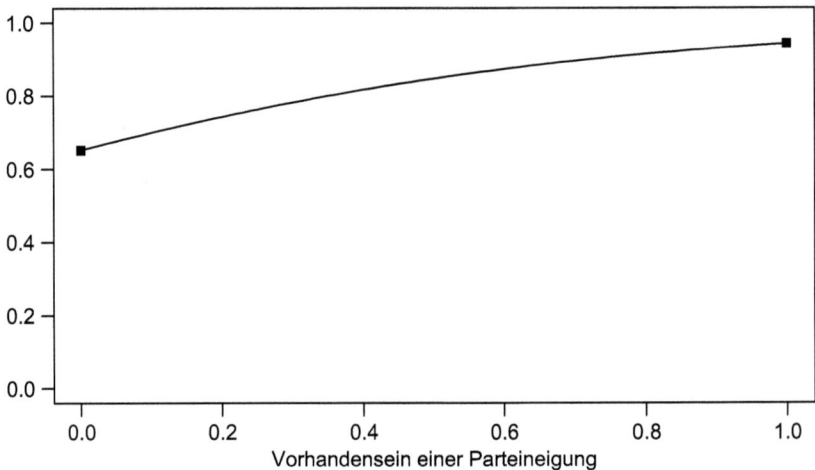

Abb. 5.4 Bivariate Regressionsanalyse, Erklärung der Wahlteilnahme mit Vorhandensein einer Parteineigung

Tab. 5.6 Minimalwerte und Maximalwerte der geschätzten Wahrscheinlichkeit über die Spannweite der unabhängigen Variablen (jeweils bivariat)

	Minimum	Maximum	Maximum-Minimum
Maxsymp	0,14	0,95	0,80
Polint	0,40	0,99	0,59
Demzuf	0,52	0,94	0,42
Pid	0,65	0,94	0,39

ren Variablen den Mittelwert ihrer jeweiligen Verteilung annehmen. Die normale, multivariate Gleichung lautet:

$$P(Y=1|X) = \frac{e^{X\beta}}{1+e^{X\beta}} = \frac{e^{\beta_0 + \beta_1 X_1 + \beta_2 X_2 + \ldots \beta_j X_j + \ldots \beta_k X_k}}{1+e^{\beta_0 + \beta_1 X_1 + \beta_2 X_2 + \ldots \beta_j X_j + \ldots \beta_k X_k}} \qquad \text{Gl (5.11)}$$

Die bedingte Gleichung für eine bestimmte unabhängige Variable X_j ist demnach:

$$P(Y=1|X_j, \overline{X}_{-j}) = \frac{e^{X\beta}}{1+e^{X\beta}} = \frac{e^{\beta_0 + \beta_1 \overline{X}_1 + \beta_2 \overline{X}_2 + \ldots \beta_j X_j + \ldots \beta_k \overline{X}_k}}{1+e^{\beta_0 + \beta_1 \overline{X}_1 + \beta_2 \overline{X}_2 + \ldots \beta_j X_j + \ldots \beta_k \overline{X}_k}} = \frac{e^{\beta_0' + \beta_j X_j}}{1+e^{\beta_0' + \beta_j X_j}} \qquad \text{Gl (5.12)}$$

5 Interpretation der Koeffizienten der logistischen Regression

Für unser konkretes Beispiel bezüglich der Wahlteilnahme sind die Mittelwerte der vier unabhängigen Variablen (Tab. 5.7):

Tab. 5.7 Mittelwerte der unabhängigen Variablen

Maxsymp	2,50
Polint	2,77
Demzuf	3,12
Pid	0,52

Die logistische Funktion lautete:

$$P(\text{Wahlteilnahme}) = \text{Logit}^{-1}(-3,08 + 0,27 \times \text{maxsymp} + 0,92 \times \text{polint}$$
$$+ 0,45 \times \text{demzuf} + 1,28 \times \text{pid})$$

Die bedingte Funktion in Abhängigkeit von *maxsymp* lautet daher:

$$P(\text{Wahlteilnahme}|\text{maxsymp},\text{mw}(\text{polint},\text{demzuf},\text{pid})) =$$
$$\text{Logit}^{-1}(-3,08 + 0,27 \times \text{maxsymp} + 0,92 \times 2,77$$
$$+ 0,45 \times 3,12 + 1,28 \times 0,52)$$
$$= \text{Logit}^{-1}(1,56 + 0,27 \times \text{maxsymp})$$

Die dazugehörige graphische Darstellung findet sich in Abb. 5.5. Tabelle 5.8 enthält wieder die maximalen und minimalen geschätzten Werte von $P(Y=1)$ in Abhängigkeit von den einzelnen unabhängigen Variablen, wobei jeweils die anderen unabhängigen Variablen immer auf den Mittelwert fixiert wurden. Wie man sieht gibt es deutliche Unterschiede zu den Ergebnissen der bivariaten Analysen, wie sie in Tab. 5.6 aufgeführt sind. Die Rangfolge der Stärke des Einflusses der unabhängigen Variablen über die gesamte Spannweite der Werte jedoch bleibt erhalten. Den stärksten Effekt übt immer noch der Sympathiewert der bestbewerteten Partei dar.

Die bedingte Regressionsfunktion lässt sich graphisch auch für zwei unabhängige Variable darstellen. Eine Möglichkeit hierfür wären dreidimensionale Grafiken, die allerdings häufig optisch wenig anschaulich sind. Die attraktivere Lösung besteht daher darin, die bedingte Funktion für die kritische unabhängige Variable für mehrere Gruppen darzustellen, die den möglichen Ausprägungen der zweiten unabhängigen Variablen entsprechen. In Abb. 5.6 ist eine solche bedingte Regressionsfunktion für die zwei unabhängigen Variablen *maxsymp* und *demzuf* dargestellt, bzw. genauer gesagt eine solche Gruppe von bedingten Regressionsfunktionen. Die unterste Kurve entspricht der bedingten logistischen Funktion, wenn man die Variable *maxsymp* variieren lässt, während der Wert von *demzuf* auf „1" gesetzt und die Werte aller anderen unabhängigen Variablen auf ihren Mittelwert fixiert

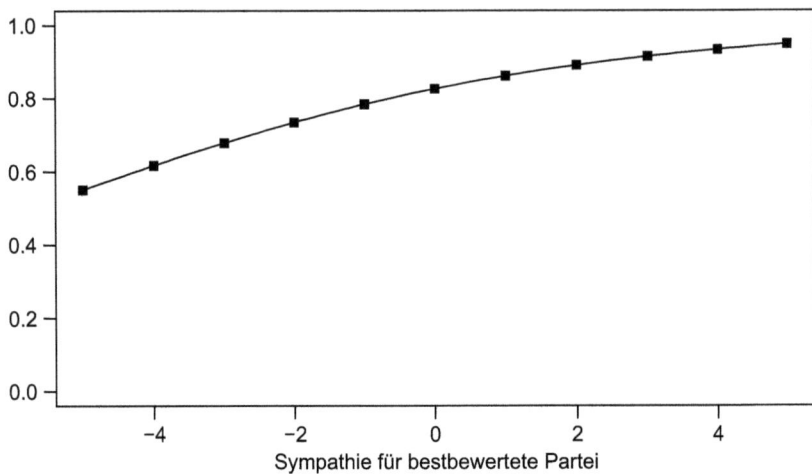

Abb. 5.5 Bedingte Regressionsfunktion, Erklärung der Wahlteilnahme mit Sympathie für bestbewertete Partei

Tab. 5.8 Minimalwerte und Maximalwerte der bedingten geschätzten Wahrscheinlichkeit über die Spannweite der unabhängigen Variablen bei Fixierung der übrigen unabhängigen Variablen auf den Mittelwert

	Minimum	Maximum	Maximum-Minimum
Maxsymp	0,55	0,95	0,40
Polint	0,65	0,99	0,34
Demzuf	0,78	0,96	0,18
Pid	0,83	0,95	0,12

werden. Die zweitunterste Kurve ist diejenige, die man erhält, wenn *demzuf* auf „2" fixiert, während die anderen unabhängigen Variablen auf ihren Mittelwert gesetzt werden und *maxsymp* über die Spannweite der möglichen Werte variiert usw.

Es ist wichtig sich klarzumachen, dass die bedingten bivariaten logistischen Funktionen jeweils aufgrund der Koeffizienten der multivariaten logistischen Regressionsanalyse, in die alle unabhängigen Variablen eingingen, gebildet werden. Diese Kurven sind zweidimensionale Schnitte in einem multidimensionalen Gebilde, das sich nicht graphisch darstellen lässt. Sie entsprechen bestimmten Kombinationen von Werten, die aber nicht tatsächlich vorliegen müssen. Der Punkt links oben in Abb. 5.6, also das linke Extremum der obersten Kurve entspricht dem geschätzten Wert von $P(Y=1)$ für einem Befragten, der jede Partei mit dem schlech-

5 Interpretation der Koeffizienten der logistischen Regression

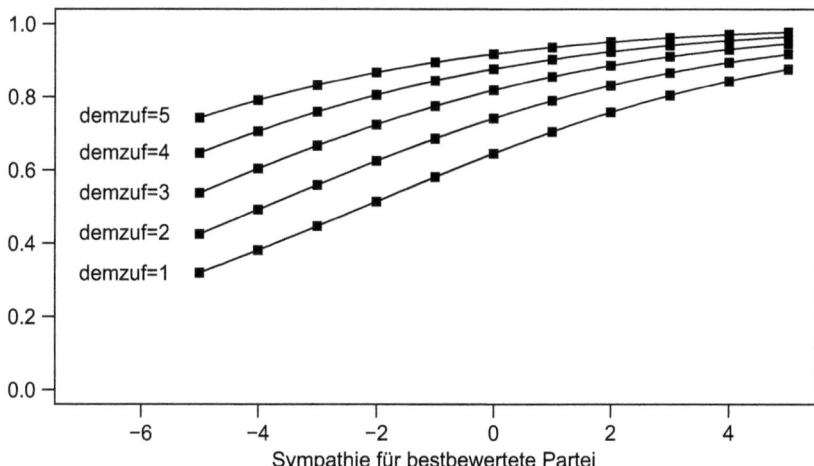

Abb. 5.6 Bedingte Regressionsfunktion, Erklärung der Wahlteilnahme mit Sympathie für bestbewertete Partei und Demokratiezufriedenheit

testmöglichen Sympathiewert beurteilt und zugleich sehr zufrieden mit der Demokratie ist und hinsichtlich seines politischen Interesses durchschnittlich ist. Es ist keineswegs gesagt, dass es diese Kombination von Werten auch in Wirklichkeit gibt. Mit Sicherheit gibt es keine Person, die die mittlere Parteineigung aufweist, da diese dichotomer Natur ist. Da aber die Werte der anderen Variablen, wenn man eine bestimmte Variable in den Fokus der Interpretation stellen möchte, in irgendeiner Weise *fixiert werden müssen*, um den bedingten Effekt der interessierenden unabhängigen Variablen zu erhalten, stellt die Fixierung auf die Mittelwerte zumindest einen plausiblen „Hintergrund" für die isolierte Interpretation des bedingten Effekts dar. Eine andere Möglichkeit bestände darin, statt der Mittelwerte „idealtypische" Werte der zu fixierenden unabhängigen Variablen zu verwenden. Es liegt hier im Ermessen des Forschers, welche Art der Darstellung er für angemessen und am hilfreichsten hält.

Interpretation der Ergebnisse mit Hilfe von Steigungskoeffizienten
Die übliche Form der Darstellung des Effekts, den eine Variable auf eine andere ausübt, besteht in der (partiellen) Ableitung der abhängigen Variablen nach der unabhängigen. Im Falle linearer Modelle ist dies der Koeffizient des Modells selbst. Annäherungsweise können die Veränderungen über die gesamte Spannweite, wie in Tab. 5.8 dargestellt, als „mittlere" Steigungskoeffizienten interpretiert werden. Variiert man z. B. die Variable *maxsymp* von −5 bis +5, dann nimmt der Wert

von P(Y = 1) von 0,55 auf 0,95 zu, durchschnittlich nimmt also P(Y = 1) um 0,04 zu, wenn *maxsymp* um eine Skaleneinheit erhöht wird. Wegen des nichtlinearen Charakters des Zusammenhangs unterschätzt dieser „mittlere" Steigungskoeffizient allerdings die Steigung im mittleren Bereich der abhängigen Variablen und überschätzt den Zusammenhang, je mehr sich der geschätzte Wert der abhängigen Variablen den Grenzwerten 0 oder 1 nähert. Als Faustregel kann man nach Long (1997, S. 64) die logistische Funktion sehr gut durch eine lineare Funktion approximieren, wenn die Werte der geschätzten Wahrscheinlichkeiten von P(Y = 1) zwischen 0,2 und 0,8 oder – noch etwas konservativer – zwischen 0,3 und 0,7 liegen. Die unterste Kurve in Abb. 5.6 z. B. ist annähernd linear. Im Falle unseres Beispiels zur Erklärung der Wahlteilnahme allerdings haben wir das Problem, dass alle relevanten Gleichungen sich in den eindeutig nichtlinearen Bereich hinein bewegen, da sich schon die durchschnittliche Wahlbeteiligung insgesamt mehr oder weniger im kritischen – d. h. nichtlinearen – Bereich befindet. Um nun allgemeiner vorzugehen, bilden wir die partiellen Ableitungen für die einzelnen Variablen.

$$\frac{\partial P(Y=1)}{\partial X_j} = \frac{\partial \frac{e^{X\beta}}{1+e^{X\beta}}}{\partial X_j} = \frac{\partial \frac{e^{\beta_0+\beta_1 X_1+\beta_2 X_2+...\beta_j X_j+...\beta_k X_k}}{1+e^{\beta_0+\beta_1 X_1+\beta_2 X_2+...\beta_j X_j+...\beta_k X_k}}}{\partial X_j}$$

$$= \frac{e^{\beta_0+\beta_1 X_1+\beta_2 X_2+...\beta_j X_j+...\beta_k X_k}}{(1+e^{\beta_0+\beta_1 X_1+\beta_2 X_2+...\beta_j X_j+...\beta_k X_k})^2}\beta_j = \frac{e^{X\beta}}{(1+e^{X\beta})^2}\beta_j$$

Gl (5.13)

Die zweite partielle Ableitung ergibt sich als:

$$\frac{\partial P(Y=1)}{\partial^2 X_j} = \beta_j \frac{e^{X\beta} \times \beta_j (1+e^{X\beta})^2 - e^{X\beta} \times 2(1+e^{X\beta})e^{X\beta} \times \beta_j}{(1+e^{X\beta})^4}$$

$$= \beta_j^2 \frac{e^{X\beta}(1+e^{X\beta}) - 2e^{2X\beta}}{(1+e^{X\beta})^3} = \beta_j^2 \frac{e^{X\beta} + e^{2X\beta} - 2e^{2X\beta}}{(1+e^{X\beta})^3}$$

$$= \beta_j^2 \frac{e^{X\beta} - e^{2X\beta}}{(1+e^{X\beta})^3} = \beta_j^2 \frac{e^{X\beta} - (e^{X\beta})^2}{(1+e^{X\beta})^3}$$

Gl (5.14)

Aus Gl. 5.13 ist unmittelbar zu erkennen, dass die Steigung der logistischen Regression gegen 0 konvergiert, wenn der lineare Prädiktor sehr, sehr groß oder sehr, sehr klein wird. Außerdem ist erkennbar, dass die erste partielle Ableitung nach X_j immer das Vorzeichen von β_j besitzt. Die Funktion ist also streng monoton steigend oder streng monoton fallend.

5 Interpretation der Koeffizienten der logistischen Regression

Aus Gl. 5.14 wiederum ist erkennbar, dass die zweite Ableitung nur an einer Stelle gleich 0 ist, nämlich dann wenn $e^{X\beta}$ gleich seinem eigenen Quadrat ist. Dies ist nur dann der Fall, wenn $e^{X\beta}$ gleich 1 bzw. der lineare Prädiktor $X\beta$ gleich 0 ist. Die erste Ableitung besitzt also ein einziges Extremum, dieses muss ein Maximum sein, wenn die erste Ableitung immer positiv ist (da sie gegen 0 konvergiert, wenn X_j sehr, sehr groß oder sehr, sehr klein ist), bzw. ein Minimum, wenn die Funktion stetig fallend ist. Das Extremum gibt also den maximalen positiven oder negativen Effekt an, den X_j auf die abhängige Variable $P(Y=1)$ ausübt. Da wir ebenfalls wissen, dass es auftritt, wenn der lineare Prädiktor gleich 0 ist, können wir aus Gl. 5.13 unmittelbar ableiten, dass die maximale absolute partielle Steigung bei $\frac{\beta_j}{4}$ liegt. Dieser Fall tritt genau dann auf, wenn der lineare Prädiktor gleich 0 ist bzw. der geschätzte Wert von $P(Y=1)$ gleich 0,5 ist (denn $\frac{e^0}{1+e^0} = \frac{1}{2}$). Nach der erwähnten Faustregel können wir allerdings sogar sagen, dass dies grob die Steigung in dem ganzen Bereich darstellt, in dem $P(Y=1)$ auf einen Wert zwischen 0,3 und 0,7 geschätzt wird. Der Koeffizient von *maxsymp* z. B. ist in unserer logistischen Regression 0,27. Der partielle Steigungskoeffizient im mittleren Bereich der geschätzten Werte von $P(Y=1)$ ist demnach 0,0675.

Wir können diese Behauptung auch leicht anhand konkreter Werte überprüfen. In Abb. 5.6 können wir erkennen, dass der Effekt von *maxsymp* im linken Bereich annähernd linear ist, wenn *demzuf* den Wert 1 oder 2 hat und alle anderen unabhängigen Variablen auf den Mittelwert gesetzt sind. Wir berechnen daher zwei Werte von $P(Y=1)$ in diesem Bereich. Beim ersten setzen wir *maxsymp* auf den Wert −4 und *demzuf* auf 2, während alle anderen unabhängigen Variablen auf ihren Mittelwert gesetzt werden. Beim zweiten erhöhen wir *maxsymp* auf −3 und belassen es bei allen anderen Werten.

$$P(\text{Wahlteilnahme})_1 = \text{Logit}^{-1}(-3{,}08 + 0{,}27 \times (-4) + 0{,}92 \times 2{,}77 \\ + 0{,}45 \times 2 + 1{,}28 \times 0{,}52) = 0{,}489$$

$$P(\text{Wahlteilnahme})_2 = \text{Logit}^{-1}(-3{,}08 + 0{,}27 \times (-3) + 0{,}92 \times 2{,}77 \\ + 0{,}45 \times 2 + 1{,}28 \times 0{,}52) = 0{,}556$$

Die Differenz zwischen den beiden Werten beträgt 0,067, kommt also dem Wert von oben sehr nahe.

Die maximale Steigung ist sicherlich ein plausibler Wert für die Größenordnung des Effekts, den eine bestimmte unabhängige Variable ausüben kann. Aber auch hier gilt, dass die Stelle der Funktion, für die diese Steigung die richtige ist, in diesem Fall die Stelle, an der die prognostizierte Wahrscheinlichkeit von $Y=1$ gleich 0,5 ist, womöglich keine „realistische" Stelle ist, da die Daten eine Struktur aufweisen, in der die Kombination von Werten, die diesen Schätzwert hervorrufen würden, entweder gar nicht vorkommt oder doch zumindest sehr selten ist. Eine Alternative besteht daher darin, entsprechend Gl. 5.13 die partielle Steigung bezüglich einer bestimmten unabhängigen Variablen an der Stelle auszurechnen, die einer „realistischen" Kombination von Werten der unabhängigen Variablen entspricht. Wie immer stellt die Kombination der Mittelwerte der unabhängigen Variablen einen der plausibelsten Kandidaten für eine „realistische" Kombination von Werten dar. Neben der „Divide by 4"-Regel (vgl. Gelman und Hill 2007, S. 82) sind daher diejenigen partiellen Steigungskoeffizienten ebenfalls sehr aufschlussreich, die an der Stelle der Funktion auftreten, wenn alle unabhängigen Variablen jeweils den Mittelwert annehmen. Dieser Wert wird auch als *marginaler Effekt am Mittelwert* (MEM für „marginal effect at the mean") bezeichnet. Der lineare Prädiktor für die Mittelwerte beträgt:

$$\text{Linearer Prädiktor} = -3{,}08 + 0{,}27 \times 2{,}50 + 0{,}92 \times 2{,}77$$
$$+ 0{,}45 \times 3{,}12 + 1{,}28 \times 0{,}52 = 2{,}24$$

Die dazugehörige Wahrscheinlichkeit ist 0,90, also schon sehr nahe am oberen Grenzwert von 1 und demnach auch schon sehr stark im nichtlinearen Teil der Funktion. Der Faktor, mit dem jeder Koeffizient nach Gl. 5.13 multipliziert wird, um die Steigung an der entsprechenden Stelle zu ermitteln, ist $\frac{e^{X\beta}}{(1+e^{X\beta})^2}$. Für den berechneten linearen Prädiktor liegt er bei 0,09. Während also die partielle Steigung der logistischen Funktion an der Stelle, wo $P(Y = 1)$ gleich 0,5 beträgt, gleich einem Viertel des Koeffizienten ist, ist sie an der Stelle, die den Mittelwerten der unabhängigen Variablen entsprechen, nur etwas weniger als ein Zehntel des Koeffizienten bzw. nur etwa 2/5 der Steigung an der steilsten Stelle der Kurve.

Der partielle Steigungskoeffizient am linearen Prädiktor bzgl. der Mittelwerte der unabhängigen Variablen hat allerdings ähnlich wie der maximale partielle Steigungskoeffizient bei $P(Y = 1) = 0{,}5$ den Nachteil, dass nicht garantiert ist, dass es diese Kombination von Werten überhaupt gibt. Außerdem gilt bei dichotomen unabhängigen Variablen, dass hier der Mittelwert nicht wirklich sinnvoll als „typischer" Wert der Variablen interpretiert werden kann.

Der mittlere partielle Steigungskoeffizient oder *mittlere marginale Effekt* (AME für „average marginal effect") gibt daher im Gegensatz zum partiellen Steigungskoeffizient bzgl. der Mittelwerte bzw. des marginalen Effekts an den Mittelwerten den Durchschnitt der partiellen Steigungskoeffizienten an allen vorhandenen Beobachtungen wieder, also bezüglich aller tatsächlich auftretenden Kombinationen von Werten der unabhängigen Variablen. Dieser Wert ist insofern „realistisch", als er auf den marginalen Effekten an den tatsächlich vorhandenen Datenpunkten beruht.

Für die einzelnen unabhängigen Variablen ergibt sich demnach die folgende Übersicht, wie sie in Tab. 5.9 dargestellt ist. Zwar ist die partielle Steigung bzgl. einer bestimmten Variablen abhängig vom Wert des linearen Prädiktors, also von den β-Koeffizienten aller unabhängigen Variablen und den Ausprägungen der unabhängigen Variablen selbst, das Verhältnis zweier partieller Steigungskoeffizienten zueinander ist aber an jeder Stelle konstant. Solange die einzelnen β-Koeffizienten nur an verschiedenen Stellen berechnet werden, werden sie jeweils mit einem entsprechenden Faktor multipliziert, der aber für alle ja derselbe ist.

$$\frac{\frac{\partial P(Y=1)}{\partial X_i}}{\frac{\partial P(Y=1)}{\partial X_j}} = \frac{\frac{e^{X\beta}}{(1+e^{X\beta})^2}\beta_i}{\frac{e^{X\beta}}{(1+e^{X\beta})^2}\beta_j} = \frac{\beta_i}{\beta_j} \qquad \text{Gl (5.15)}$$

Tab. 5.9 Koeffizienten, partielle Steigungen an ausgewählten Stellen und mittlerer marginaler Effekt

	β	β/4 = 0,25 × β (partielle Steigung an P(Y=1) = 0,5)	MEM (partielle Steigung an P(Y=1| $\bar{X}$))	AME (durchschnittliche partielle Steigung)
Konstante	−3,080	−0,770	−0,268	−0,314
Maxsymp	0,271	0,068	0,024	0,028
Polint	0,924	0,231	0,080	0,094
Demzuf	0,454	0,113	0,040	0,046
Pid	1,275	0,319	0,111	0,130

Vergleich der Koeffizienten derselben unabhängigen Variablen zwischen verschiedenen Modellen

Grundsätzlich können Koeffizienten von unabhängigen Variablen in verschiedenen Modellen nur miteinander verglichen werden, wenn sie gleich skaliert sind. Doch dies stellt nur eine notwendige, keineswegs eine hinreichende Bedingung dar. Denn selbst wenn die Skalierung dieselbe sein sollte, lassen sich die Koeffizienten einer logistischen Regression zwischen zwei Modellen noch aus einem anderen Grund nicht miteinander vergleichen. Denn der Koeffizient einer bestimmten unabhängigen Variablen ist abhängig davon, welche weiteren unabhängigen Variablen im Modell enthalten ist. Dies ist ein durchaus bekannter Effekt von linearen Regressionsmodellen. Allerdings ist die Änderung des Regressionskoeffizienten bei Einführung weiterer unabhängiger Variablen in das Modell dort auf Kollinearität zwischen den unabhängigen Variablen zurückzuführen. Wirken z. B. zwei unabhängige Variablen auf die abhängige Variable, die zudem untereinander korreliert sind, und man nimmt nur eine der unabhängigen Variablen in das statistische Modell auf, dann transponiert diese Variable gewissermaßen auch auf indirekte Weise die Wirkung der zweiten, übergangenen Variablen auf die abhängige Variable. Sind die unabhängigen Variablen hingegen untereinander unkorreliert, dann ändert die Hinzunahme weiterer unabhängiger Variablen nichts an dem Regressionskoeffizienten. Bei logistischen Regressionen verhält sich dies anders. Hier verändern sich die Koeffizienten durch die Aufnahme weiterer unabhängiger Variablen in das Modell, *selbst wenn diese Variablen mit der ursprünglich schon vorhandenen unabhängigen Variablen nicht korreliert sind*. Voraussetzung ist allerdings, dass die neu aufgenommenen Variablen mit der abhängigen Variablen korrelieren. Fehlen in einem Modell Variablen, die das Zustandekommen der abhängigen Variablen erklären können, dann spricht man auch von *unbeobachteter Heterogenität* oder übergangenen bzw. ausgelassenen Variablen (omitted variables).

Um zu illustrieren, dass unbeobachtete Heterogenität in logistischen Regressionen im Gegensatz zu einfachen linearen Modellen einen Einfluss auf die Schätzung der Koeffizienten auch bei statistischer Unabhängigkeit der unabhängigen Variablen untereinander besitzt, wurde eine Simulation durchgeführt. Es wurden zehntausend Fälle generiert, bei denen die abhängige Variable Y von zwei unabhängigen Variablen X_1 und X_2 und einer Fehlerkomponente bestimmt ist[2]. X_1 ist dabei eine kontinuierlich verlaufende, normalverteilte Variable und X_2 ist eine dichotome Variable, die die Fälle in zwei ungefähr gleich große Gruppen zerlegt. Die Korrelation zwischen beiden Variablen liegt bei 0,007, ist für alle praktische Zwecke also gleich 0. Lässt man die abhängige Variable nun durch ein logistisches Regressionsmodell schätzen, so ergeben sich beim Modell mit beiden unabhängigen Variablen die Koeffizienten in der ersten Spalte von Tab. 5.10. Geht nur die Variable X_1 in das Modell, so ergibt sich der Koeffizient in der zweiten Spalte für den Einfluss von X_1 auf die Logits.

Unbeobachtete Heterogenität übt also im Beispiel einen dramatischen Einfluss auf die Koeffizienten aus. Durch die Hinzunahme weiterer Variablen steigen die Koeffizienten (absolut), auch wenn die neuen Variablen mit den schon ursprünglich im Modell vorhandenen nicht korreliert sind. Tatsächlich lässt sich dieser Effekt auf einfache und anschauliche Weise erklären.

Abbildung 5.7 ist die graphische Darstellung der beiden Regressionsmodelle. Die unabhängige Variable X_1 ist immer auf der X-Achse dargestellt. Der Effekt der Gruppierungsvariable X_2 wird dadurch modelliert, dass die beiden bedingten logis-

---

[2] Genauer gesagt ist die zugrundeliegende latente Variable Y* der Einfachheit halber als Linearkombination aus den beiden unabhängigen Variablen und einer normal verteilten Fehlervariablen konstruiert worden. Dies entspricht streng genommen einem Probit-Modell, doch kann dieses durch eine logistische Regression sehr gut approximiert werden.

5 Interpretation der Koeffizienten der logistischen Regression

Tab. 5.10 Koeffizienten in Abhängigkeit von unbeobachteter Heterogenität

	β (Modell mit beiden unabhängigen Variablen)	β (Modell nur mit X_1)
Konstante	−2,603	0,016
X_1	2,721	1,290
X_2	5,224	

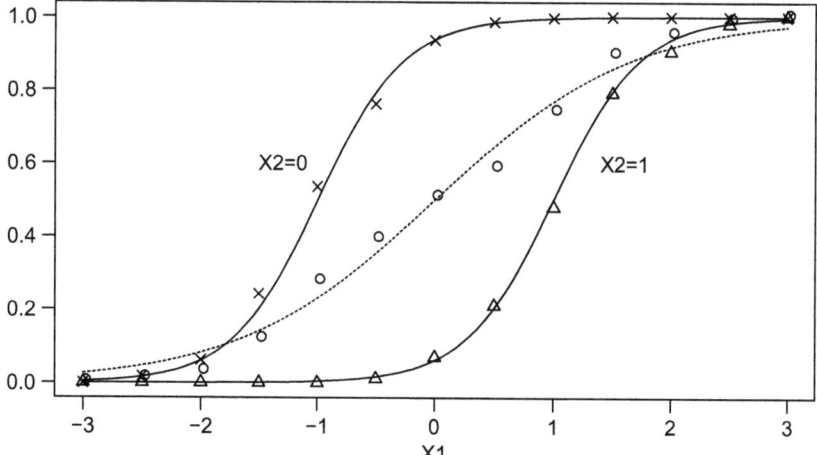

Abb. 5.7 Simulierte logistische Regressionsfunktion für zwei unabhängige Variablen und für ein Modell mit übergangener unabhängiger Variablen

tischen Regressionskurven für X_1 für die beiden Gruppen separat geplottet werden. Sie sind mit den durchgehenden Linien gekennzeichnet. Die (gruppierten) relativen Häufigkeiten von Y in Abhängigkeit von X_1 sind für die beiden Teilgruppen durch Kreuze und Dreiecke dargestellt. Wie zu erkennen ist erfassen die beiden gruppenbezogenen Kurven die zu schätzenden relativen Häufigkeiten sehr genau in den beiden Gruppen. Wir können uns z. B. vorstellen, dass die beiden Gruppen Männer und Frauen seien. Nimmt man nun das Gruppierungsmerkmal aus der Analyse, also berücksichtigt dieses nicht, obwohl es einen Effekt auf die abhängige Variable ausübt, dann entsprechen die relativen Häufigkeiten in Abhängigkeit von X_1 für die Gesamtpopulation nun den Mittelwerten aus den beiden jeweiligen Gruppenanteilen (da beide Gruppen ungefähr gleich groß sind). In der Graphik werden sie durch die Kreise dargestellt. Die Kreise befinden sich also immer in der Mitte zwischen den entsprechenden Kreuzen und Dreiecken.

Die gestrichelte Linie ist die entsprechende logistische Regressionskurve, also diejenige, die sich ergibt, wenn nur X_1 in das Modell eingeht bzw. der Effekt von X_1 auf Y nicht mehr für die beiden Gruppen separat, sondern für die Gesamtpopulation ermittelt wird. Die beiden gruppenbezogenen Kurven sind parallel verschoben und zwar so weit, wie es dem Effekt von X_2 entspricht. Die globale Kurve ist gewissermaßen der Mittelwert aus diesen beiden, zumindest ist dies annähernd der Fall. Wegen des nichtlinearen Charakters der S-Kurve ist aber die Kurve, die sich als Mittelwert aus zwei parallelverschobenen S-Kurven errechnet, im Gegensatz zu linearen Modellen nicht ihrerseits wieder parallel zu den Ausgangskurven, vielmehr verläuft sie deutlich flacher. Da der β-Koeffizient das Vierfache der Steigung der Kurve bei $P(Y=1)=0{,}5$ ist, muss auch der β-Koeffizient der globalen Kurve entsprechend geringer ausfallen als die β-Koeffizienten der beiden gruppenbezogenen Kurven. Der Unterschied zwischen dem β-Koeffizienten der globalen von dem der gruppenbezogenen Kurven fällt außerdem, wie unmittelbar ersichtlich ist, desto größer aus, je größer die Parallelverschiebung der gruppenbezogenen Kurven, d. h. je stärker der Effekt der übergangenen Gruppierungsvariable auf die abhängige Variable ist.

Dies hat weitreichende Effekte für die Interpretation der Ergebnisse von logistischen Regressionen. Die Veränderungen der Koeffizienten bezüglich einer bestimmten unabhängigen Variablen zwischen eingebetteten bzw. *verschachtelten Modellen* (englisch: nested models), bei denen das eine Modell aus dem anderen durch Hinzunahme weiterer unabhängiger Variablen entsteht, kann nicht auf dieselbe Weise wie bei linearen Modellen interpretiert werden. Bei einem linearen und additiven Modell deutet eine Veränderung von $β_i$ bei Hinzunahme einer weiteren unabhängigen Variablen X_j darauf hin, dass die beiden unabhängigen Variablen X_i und X_j miteinander korreliert sind.

Insbesondere bedeutet dies, dass wir noch vorsichtiger als bei linearen Regressionsmodellen sein müssen, wenn wir die beobachteten Effekte auch kausal interpretieren möchten. Steigt in einem linearen Modell $β_i$ durch Hinzunahme von X_j an, so stellt X_j eine sogenannte Suppressor-Variable von X_i dar, d. h. in einer bivariaten Analyse z. B. wird der Effekt von X_i auf Y unterschätzt. Nehmen wir als Beispiel an, die Variable X_i sei die Region und die abhängige Variable Y Arbeitslosigkeit. Wenn nun durch Hinzunahme der Bildung als erklärende Variable der Effekt der Region ansteigt, dann bedeutet dies, dass der Effekt der Region eigentlich sogar stärker ist als ursprünglich angenommen. In Regionen mit besonders hoher Arbeitslosigkeit gibt es dann offensichtlich ein überdurchschnittlich hohes Bildungsniveau und der eigentliche dramatische Zusammenhang ist durch diese Korrelation abgedämpft worden, wenn man nicht für Bildung kontrolliert, indem man sie mit in das Modell aufnimmt. Bei logistischen Regressionen hingegen bedeutet eine Zunahme

5 Interpretation der Koeffizienten der logistischen Regression

Tab. 5.11 Mittlere Koeffizienten in Abhängigkeit von unbeobachteter Heterogenität

	AME (Modell mit beiden unabhängigen Variablen)	AME (Modell nur mit X_1)
Konstante	−0,227	0,003
X_1	0,238	0,244
X_2	0,456	

des Koeffizienten vom eingebetteten zum einbettenden Modell keineswegs, dass hier ein Suppressoreffekt vorliegen muss, vielmehr kann es sich um die „normale" Zunahme aufgrund der besseren Vorhersage der latenten Variablen handeln. Wenn aber der Koeffizient von β_i nicht zunimmt (oder sogar abnimmt) bei der Aufnahme weiterer unabhängiger Variablen, die aber einen eigenständigen Beitrag zur Erklärung der unabhängigen Variablen liefern, dann können wir daraus schließen, dass es eine Beziehung zwischen den unabhängigen Variablen geben muss, diese also miteinander korreliert sind.

Die Volatilität der Koeffizienten in Abhängigkeit von unbeobachteter Heterogenität macht es unmöglich, die Koeffizienten selbst zwischen verschiedenen Modellen zu vergleichen. Im Gegensatz hierzu erweisen sich allerdings der mittlere marginale Effekt AME als relativ robust. Er verändert sich bei der Simulation nur geringfügig von 0,238 auf 0,244 (während der MEM, also der „marginal effect at the mean", sich ungefähr im Verhältnis der Koeffizienten selbst verändert) (Tab. 5.11).

Der durchschnittliche marginale Effekt AME ist daher gut geeignet, um auch die Effekte bestimmter Variablen zwischen verschiedenen Modellen zu vergleichen, insbesondere, wenn diese genestet sind.

Allerdings gibt es keinen zusätzlichen Nutzen ohne dass dafür Kosten entstehen. Die Empfindlichkeit der Koeffizienten oder auch des MEM auf unbeobachtete Heterogenität ist letztlich auf die nonlineare Form der logistischen Funktion zurückzuführen, d. h. darauf, dass der Effekt der unabhängigen Variablen auf die Änderung der Wahrscheinlichkeit $P(Y=1)$ davon abhängt, an welcher Stelle der Kurve man sich befindet bzw. vom Bezugspunkt $P_0(Y=1)$, von dem aus man den marginalen Effekt betrachtet. Der AME abstrahiert, gerade dadurch dass er der mittlere Effekt über alle Fälle ist, in gewisser Weise von der Nichtlinearität der logistischen Funktion. Bleibt die Funktion im Wesentlichen im linearen Bereich, also der geschätzte Wert von $P(Y=1)$ zwischen 0,3 und 0,7, dann unterscheidet sich der AME nur unwesentlich von den Steigungskoeffizienten, die man im linearen Wahrscheinlichkeitsmodell erhält (vgl. Mood 2010, S. 78 f.). Tatsächlich unterscheidet sich auch in unserer Simulation der AME nicht wesentlich vom Steigungskoeffizienten, den man bei einem linearen Wahrscheinlichkeitsmodell erhalten hätte, der

Tab. 5.12 Steigungskoeffizienten beim linearen Wahrscheinlichkeitsmodell

	β (Modell mit beiden unabhängigen Variablen)	β (Modell nur mit X_1)
Konstante	0,213	0,503
X_1	0,241	0,243
X_2	0,579	

dort sowohl bei dem Modell mit beiden unabhängigen Variablen als auch bei dem mit nur einer unabhängigen Variablen ebenfalls bei 0,24 gelegen hätte (Tab. 5.12).

Y-standardisierte Koeffizienten
Statistisch ist die Veränderung der Koeffizienten einer logistischen Regression damit zu erklären, dass bei der logistischen Regression durch die Hinzunahme weiterer unabhängiger Variablen mit Erklärungskraft die Varianz der latenten Variablen zunimmt. Da die zu erklärende Variable nun über einen weiteren Bereich streut, müssen die Koeffizienten entsprechend angepasst werden (vgl. genauer Mood 2010).

Die Interpretation der logistischen Funktion mit Hilfe einer latenten Variablen nimmt an, dass es eine latente Variable Y* gibt, die als Linearkombination von X dargestellt werden kann. Die latente Variable Y* ist genauso wie die Logitfunktion von π kontinuierlich verteilt und erstreckt sich theoretisch über einen Wertebereich von $-\infty$ bis $+\infty$.

$$Y^* = X\boldsymbol{\beta} + \varepsilon \qquad \text{Gl (5.16)}$$

Die Abbildung der kontinuierlich verteilten latenten Variablen Y* auf die dichotome Variable Y geschieht mit einer Schwellenfunktion. Erzielt Y* einen höheren Wert als den Schwellenwert z, dann wird Y* auf den Wert 1 abgebildet, ist Y* kleiner oder gleich z, dann wird es auf 0 abgebildet.

$$Y = f(Y^*)$$

mit

$$Y = 1 \leftrightarrow Y^* > z \qquad \text{Gl (5.17)}$$

$$Y = 0 \leftrightarrow Y^* \leq z \qquad \text{Gl (5.18)}$$

In der Regel wird z der Einfachheit halber auf 0 gesetzt. Des Weiteren wird angenommen dass der Fehler ε logistisch verteilt ist, und zwar dergestalt:

5 Interpretation der Koeffizienten der logistischen Regression

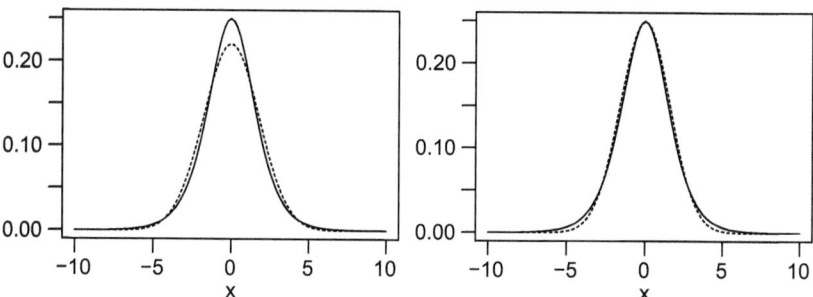

Abb. 5.8 logistische Wahrscheinlichkeitsdichtefunktion im Vergleich zur Dichtefunktion der Normalverteilung

$$P(\varepsilon < x) = \frac{e^x}{1+e^x} \qquad \text{Gl (5.19)}$$

Wenn z auf 0 gesetzt ist, gilt also:

$$P(Y=1) = P(Y^* > 0) = P(X\boldsymbol{\beta} + \varepsilon > 0)$$
$$= P(-\varepsilon < X\boldsymbol{\beta}) = P(\varepsilon < X\boldsymbol{\beta}) = \frac{e^{X\beta}}{1+e^{X\beta}} \qquad \text{Gl (5.20)}$$

Gleichung 5.20 ist identisch mit Gl. 3.19 bzw. Gl. 5.11, d. h. die logistische Funktion kann deduktiv aus dem Modell einer latenten Variablen mit einer logistischen Fehlerkurve abgeleitet werden. Die in Gl. 5.19 abgebildete Funktion entspricht der logistischen Wahrscheinlichkeitsfunktion bzw. der logistischen kumulativen Wahrscheinlichkeitsdichtefunktion. Die Wahrscheinlichkeit bzw. Wahrscheinlichkeitsdichte (da es sich um eine kontinuierliche Funktion handelt), dass der Fehler ε einen bestimmten Wert x annimmt, ist demnach die Ableitung von Gl. 5.19. Diese erhalten wir unmittelbar aus Gl. 5.13.

$$f(x) = \frac{e^x}{(1+e^x)^2} \qquad \text{Gl. (5.21)}$$

Graphisch ist die logistische Wahrscheinlichkeitsdichtefunktion in Abb. 5.8 dargestellt. Die logistische Dichtefunktion ist in beiden Abbildungen als durchgehende Linie gezeichnet. Die logistische Dichtefunktion besitzt ebenso wie die Dichtefunktion der Normalverteilung eine Glockenform. Daher kann die logistische Verteilung auch sehr gut durch die Normalverteilung approximiert werden. Die Standardabweichung der logistischen Dichtefunktion nach Gl. 5.21 ist gleich 1,81, d. h. die Varianz ist gleich $\frac{\pi^2}{3}$. Die entsprechende Normalverteilung ist in gestrichelter Form in der linken Abbildung zu sehen. Für eine eher pragmatische Anpassung ist es hingegen zu empfehlen, die logistische Funktion durch eine Normalverteilung mit Standardabweichung 1,6 zu approximieren. Diese ist in der rechten Abbildung dargestellt.

Wie aus Gl. 5.17 bzw. Gl. 5.20 zu sehen ist, ist die Abbildung des Wertes der latenten Funktion Y^* auf den Wert 1 der dichotomen Variablen Y lediglich davon abhängig, welches Vorzeichen der Term $X\beta + \varepsilon$ besitzt. Der Wahrheitswert der Ungleichung $X\beta + \varepsilon > 0$ hängt nur davon ab, ob das Vorzeichen von $X\beta$ durch ε umgedreht wird oder nicht. Jede lineare Transformation beider Ausdrücke mit demselben Faktor ändert daher nichts am Ergebnis der Ungleichung. Es ist daher nur möglich, die logistische Funktion an die beobachteten relativen Häufigkeiten von $Y = 1$ anzupassen, also die Werte von β zu bestimmen, wenn man für den Fehlerterm einen bestimmten Wert festlegt. Der Einfachheit halber nimmt man hierfür die Standardabweichung der einfachen logistischen Dichtefunktion von Gl. 5.21, also die Wurzel aus $\frac{\pi^2}{3}$. Da die Varianz des Fehlerterms fixiert ist, nimmt die Varianz der latenten Variablen mit der Varianz des linearen Prädiktors zu. Nimmt man also weitere unabhängige Variablen in den Prädiktor auf, so wird die bessere Anpassung nicht durch eine Verkleinerung des Fehlers ausgedrückt, wie es üblicherweise der Fall ist, sondern durch eine Vergrößerung der Varianz der abhängigen Variablen bei Konstanthaltung des Fehlers. Damit aber müssen die Koeffizienten der unabhängigen Variablen, die auch zuvor schon im linearen Prädiktor enthalten waren, zunehmen, da sie sich ja nun auf eine größere Variation der abhängigen Variablen beziehen.

Eine Möglichkeit, diesen Effekt der Zunahme der Koeffizienten durch Aufnahme weiterer unabhängiger Variablen in das statistische Modell zu korrigieren, besteht daher naheliegenderweise darin, die β-Koeffizienten genau in dem Maß zu berichten, dass dem Ausmaß der Veränderung der Varianz von Y^* entspricht. Man spricht dann von *Y-standardisierten Koeffizienten*. Die formale Darstellung ist die folgende:

$$\beta_j^{sy} = \frac{\beta_j}{\sigma_{Y^*}} \qquad \text{Gl (5.22)}$$

Die durch das Likelihood-Verfahren ermittelten Koeffizienten werden durch die Standardabweichung der latenten Variablen Y^* geteilt. Der Y-standardisierte Koeffizient gibt daher an, um das Wievielfache der Standardabweichung von Y^* sich die

5 Interpretation der Koeffizienten der logistischen Regression

Logits von π verändern, wenn die unabhängige Variable X_j um eine Einheit erhöht wird.
Allerdings ist die Standardabweichung der latenten Variablen σ_{Y^*} nicht direkt messbar. Aber sie kann sehr leicht berechnet werden. Da Y^* nach Gl. 5.16 die Summe aus dem linearen Prädiktor $X\beta$ und ε darstellt und beide Terme nicht miteinander korreliert sind, gilt, dass die Varianz von Y^* gleich der Summe der Varianzen des linearen Prädiktors $X\beta$ und ε ist, wobei die Varianz von ε auf $\frac{\pi^2}{3}$ fixiert ist.

$$\sigma^2_{Y^*} = \boldsymbol{\beta}'Cov(X)\boldsymbol{\beta} + \sigma^2_\varepsilon = \boldsymbol{\beta}'Cov(X)\boldsymbol{\beta} + \frac{\pi^2}{3} \qquad \text{Gl (5.23)}$$

mit

$Cov(X)$ Kovarianzmatrix von X

Man kann die Varianz der latenten Variablen sehr zuverlässig schätzen, indem man für den Koeffizientenvektor β die durch das Maximumlikelihood-Verfahren geschätzten Werte einsetzt.

Die Y-Standardisierung der Koeffizienten ist zwar plausibel zu begründen, dennoch können durchaus immer noch größere Unterschiede zwischen den Koeffizienten (ohne und mit weiteren unabhängigen Variablen) auftreten. Um für diesen Effekt zu kontrollieren, scheint es daher, dass der durchschnittliche marginale Effekt (AME) bevorzugt werden sollte.

Vergleich der Koeffizienten verschiedener unabhängiger Variablen innerhalb eines Modells

Um innerhalb eines Modells die Effekte verschiedener unabhängiger Variablen miteinander zu vergleichen, ist es bezüglich von Maßen des marginalen Effekts unerheblich, ob man sich direkt auf die Koeffizienten, auf die maximale Steigung bei $P(Y=1) = 0{,}5$ oder auf den AME oder MEM bezieht, da diese sich jeweils aus den Koeffizienten durch simple Multiplikation mit einem Faktor ergeben. Rein theoretisch gibt der Steigungskoeffizient an, um wie viele Einheiten sich die abhängige Variable ändert, wenn sich die unabhängige Variable um eine Einheit ändert. Generell gilt diese Aussage jedoch nur für lineare Modelle, für nichtlineare Modelle gibt der Steigungskoeffizient nur die marginale Veränderung in einer mehr oder weniger engen Umgebung um den Wert, auf den er sich bezieht, an. Bestenfalls können wir also mit Hilfe des Steigungskoeffizienten eine sehr grobe Approximation vornehmen, um wie viel sich die abhängige Variable verändert, wenn die unabhängige Variable um 1 erhöht wird. Wie gut die Approximation ausfällt, hängt wiederum davon ab, ob man sich mehr oder weniger im linearen Bereich der logistischen Funktion bewegt oder in den nichtlinearen Bereich hineingelangt. Bezieht man sich z. B. auf die „Divide by 4"-Regel, dann befindet man sich vermutlich zum größten Teil im linearen Bereich der Kurve.

Aber natürlich dürfen die absoluten Steigungskoeffizienten dennoch – ganz genau wie bei einer linearen Regression – nicht direkt als Stärke des Einflusses der unabhängigen Variablen auf die abhängige betrachtet werden, denn sie sind abhängig von der Skalierung der unabhängigen Variablen. Streut die unabhängige Variable doppelt so stark, d. h. transformiert man die ursprüngliche Skala, indem man alle Werte mit 2 multipliziert, fällt der entsprechende β-Koeffizient nur noch halb so groß aus. Daher ist es sinnvoll, die Steigungskoeffizienten entsprechend zu standardisieren. Da diese Standardisierung sich auf die unabhängige Variable bezieht, spricht man von X-Standardisierung. Die entsprechende Umrechnungsformel lautet:

$$\beta_j^{sx} = \beta_j \times \sigma_{X_j} \qquad \text{Gl (5.24)}$$

Der X-standardisierte Koeffizient gibt daher an, um welchen Betrag sich die abhängige Variable, also die Logits von π, verändern, wenn man die unabhängige Variable X_j um die Standardabweichung von X_j erhöht. X-standardisierte Koeffizienten geben bei linearen Modellen ein gutes Maß für den Gesamteffekt bzw. die Größenordnung des Gesamteffekts ab, den die unabhängige Variable auf die abhängige ausübt. Die unstandardisierten Koeffizienten bei unserem Modell der Erklärung der Wahlteilnahme sind in Tab. 5.13 dargestellt.

Tab. 5.13 Absolute und X-standardisierte Koeffizienten

	β	sd(Σ)	β × sd(Σ)
Konstante	−3,080		
Maxsymp	0,271	2,086	0,566
Polint	0,924	1,012	0,935
Demzuf	0,454	1,025	0,466
Pid	1,275	0,500	0,637

Die Parteineigung übt also scheinbar den stärksten Effekt auf die Wahlteilnahme aus, mit einem Koeffizienten von 1,275, während der Koeffizient von *maxsymp* hingegen z. B. „nur" 0,271 beträgt. Allerdings variiert die Parteineigung nur um eine einzige Skaleneinheit beim Sprung von „0" auf „1", während sich die Variable *maxsymp* auf einen Skalenbereich von −5 bis +5 erstreckt. Auch der Koeffizient

5 Interpretation der Koeffizienten der logistischen Regression

von *polint* ist kleiner als der der Parteineigung, obwohl sich die Variable auf eine viermal so große Spannweite von 1 bis 5 erstreckt.

Die X-standardisierten Werte in Tab. 5.13 zeigen, dass – wenig überraschend – tatsächlich die Variable *polint* insgesamt den größten Effekt ausübt. Auch übt *maxsymp* einen größeren standardisierten Effekt auf die Logits von π aus als die Demokratiezufriedenheit, obwohl die Sympathiebewertung der bestbewerteten Partei einen geringeren absoluten Koeffizienten besitzt.

Der X-standardisierte Wert der Parteineigung ist allerdings nur von geringer Hilfe für einen Vergleich, da die Standardabweichung einer dichotomen Variablen lediglich davon abhängt, wie groß die jeweiligen Anteile der beiden Werte sind. Der Effekt der Parteineigung sollte aber derselbe sein, unabhängig davon, ob nun 40, 50 oder 70 % der Befragten eine Parteineigung besitzen. Bei dichotomen Variablen ist daher von einer X-Standardisierung abzusehen und der Effekt sollte lediglich über den Unterschied zwischen den beiden Gruppen ausgedrückt werden, wie es z. B. in Tab. 5.8 gemacht wurde.

Werden die Koeffizienten sowohl bezüglich der unabhängigen Variablen als auch der abhängigen Variablen standardisiert, spricht man von *vollstandardisierten Koeffizienten*.

$$\beta_j^s = \frac{\beta_j}{\sigma_{Y^*}} \sigma_{X_j} = \beta_j \frac{\sigma_{X_j}}{\sigma_{Y^*}} \qquad \text{Gl (5.25)}$$

Die standardisierten Koeffizienten können – genauso wie die absoluten Koeffizienten selbst – immer nur in Bezug auf Änderungen der Logits von π interpretiert werden. Dies entspricht aber nicht den Intuitionen und auch nicht der substanziell interessierenden Variablen, die in der Regel die Wahrscheinlichkeiten betrifft. Möchte man den Effekt der unabhängigen Variablen auf diese darstellen, so empfiehlt es sich, ausgewählte Werte der unabhängigen Variablen heranzuziehen und die entsprechenden Wahrscheinlichkeiten miteinander zu vergleichen, wie es z. B. in Tab. 5.8 für das Minimum und das Maximum einer Variablen dargestellt wird, während alle anderen unabhängigen Variablen auf ihren Mittelwert fixiert werden. Da die Extremwerte jedoch womöglich Ausreißer der Verteilung darstellen können, ist es hilfreich, sich auf einen mittleren Bereich der Variation der unabhängigen Variablen zu fokussieren, z. B. den Vergleich der zwei Wahrscheinlichkeiten, die sich bei den zwei Werten der unabhängigen Variablen ergeben, die sich um eine Standardabweichung um dem Mittelwert herum unterscheiden (Tab. 5.14).

Erhöht man den Wert von *maxsymp* um eine Standardabweichung, ausgehend vom Wert, der eine halbe Standardabweichung links vom Mittelwert liegt, dann erhöht sich die Wahrscheinlichkeit von Y = 1 von 0,876 auf 0,926, bei *polint* von 0,855

Tab. 5.14 Bedingte geschätzte Wahrscheinlichkeiten für Werte ±0,5 der Standardabweichung um den Mittelwert der unabhängigen Variablen bei Fixierung der übrigen unabhängigen Variablen auf den Mittelwert

	Mittelwert − 0,5 × Standardabweichung	Mittelwert + 0,5 × Standardabweichung	Differenz
Maxsymp	0,876	0,926	0,050
Polint	0,855	0,937	0,082
Demzuf	0,881	0,922	0,041

auf 0,937 und bei *demzuf* von 0,881 auf 0,922. Die relativen Stärkeverhältnisse sind also dieselben wie bei den X-standardisierten Koeffizienten selbst, gleichzeitig aber kann man die Veränderungen auf konkrete Differenzen der Wahrscheinlichkeiten beziehen, die sich in einer realistischen Bandbreite der unabhängigen Variablen bewegen.

Goodness-of-fit-Maße, Modellvergleiche und Signifikanztests 6

Im vierten Kapitel wurde das Goodness-of-fit-Konzept schon erwähnt. Wie der Name schon sagt, geben GOF-Maße an, wie gut die angepasste Funktion, also die „gefittete" mit den tatsächlich vorliegenden Beobachtungsdaten übereinstimmt. Das bekannteste aller Goodness-of-fit-Maße ist R^2 bzw. der sogenannte Determinationskoeffizient, der angibt, welcher Anteil der Varianz der abhängigen Variablen Y durch die gefundene Regressionsfunktion erklärt werden kann. Da GOF-Maße die Güte eines Modells mit einer einzigen Zahl relativ prägnant darstellen, sind sie auch in generalisierten, linearen Modellen und vor allem auch bei Probit- und Logitmodellen sehr beliebt.

Die Devianz und McFadden's Pseudo-R^2
Eine Art von Analogon zur Varianz, wobei diese Analogie mit der gebotenen Vorsicht behandelt werden sollte, stellt bei logistischen Regressionen die sogenannte Devianz dar, die dem Produkt aus der Loglikelihood mit dem Faktor − 2 entspricht. Zumindest hat sich dieser Gebrauch des Devianzbegriffs inzwischen weit verbreitet, so z. B. in der Standardstatistiksoftware R.

$$\text{Devianz} = -2 \times LL = -2 \times \ln T_i$$

$$= -2 \times \left(\sum_{i=1 \mid Y=1}^{n} \ln(\pi_i | X\beta) + \sum_{i=1 \mid Y=0}^{n} \ln(1 - \pi_i | X\beta) \right) \quad \text{Gl (6.1)}$$

Die Devianz bezieht sich immer auf ein bestimmtes Modell, d. h. auf die durch das Maximumlikelihoodverfahren geschätzten Parameterwerte von β. Die Nulldevianz ist die Devianz des Nullmodells, also wenn der einzige zu schätzende Parameterwert die Konstante ist, der in diesem Fall dann der relativen Häufigkeit der Werte von Y mit der Ausprägung „1" entspricht.

$$D_0 = -2 \times LL = -2 \times \ln T_i(\pi_i) = -2 \times \left(\sum_{i=1|Y=1}^{n} \ln(\pi_i) + \sum_{i=1|Y=0}^{n} \ln(1-\pi_i) \right)$$

$$= -2 \times \left(\sum_{i=1|Y=1}^{n} \ln\left(\frac{n_1}{n}\right) + \sum_{i=1|Y=0}^{n} \ln\left(\frac{n-n_1}{n}\right) \right)$$

$$= -2 \times \left(n_1 \ln\left(\frac{n_1}{n}\right) + (n-n_1)\ln\left(\frac{n-n_1}{n}\right) \right) \quad \text{Gl (6.2)}$$

mit

n_1 Anzahl der Y-Werte mit der Ausprägung „1"

Die Devianz eines bestimmten Modells M_j mit dem dazugehörigen Parametervektor β_j wird auch als residuale Devianz von M_j bzw. D_j bezeichnet, analog zur residualen Varianz beim linearen Modell, die nicht durch die Regressionsgleichung erklärt werden kann. Die Devianz ist abhängig von der Größe der Stichprobe und daher selbst kein geeignetes GOF-Maß. Allerdings gilt der Zusammenhang: Je kleiner die Residualdevianz, desto größer der Anteil der Devianz des Nullmodells, der durch die Hinzunahme der Information, die in unabhängigen Variablen enthalten ist, erklärt werden kann. Analog zu R^2 lässt sich daher für die Devianz ein sogenanntes Pseudo-R^2, manchmal auch als P^2 oder McFadden's-R^2 bezeichnet, konstruieren.

$$Pseudo - R^2 = \frac{D_0 - D_1}{D_0} = 1 - \frac{D_1}{D_0} \quad \text{Gl (6.3)}$$

Die Konstruktion von McFadden's R^2 als die relative Reduktion der Nulldevianz lässt zu, dieses in der Logik sogenannter PRE-Maße (vgl. Behnke und Behnke 2006, S. 165 ff.) zu interpretieren. Eine alternative Formulierung, die auch wieder der ursprünglichen Form entspricht, drückt das Pseudo-R^2 in Form der Loglikelihoodfunktionswerte aus und nicht der Devianzen.

$$Pseudo - R^2 = 1 - \frac{LL_1}{LL_0} \quad \text{Gl (6.4)}$$

6 Goodness-of-fit-Maße, Modellvergleiche und Signifikanztests

Analog zum korrigierten Determinationskoeffizienten $R^2_{adj.}$ gibt es auch ein korrigiertes Pseudo-R^2, das den Wert für den „Erklärungsbeitrag" der unabhängigen Variablen anpasst, der lediglich durch Zufallsfehler der Stichprobe entsteht, ohne dass die unabhängigen Variablen im substanziellen Sinn mit der abhängigen Variablen korrelieren. Eine solche Korrektur wurde von Ben-Akiva und Lerman (1985, S. 167) vorgeschlagen.

$$Pseudo - R^2_{adj.} = 1 - \frac{LL_1 - k}{LL_0} \qquad \text{Gl (6.5)}$$

mit

k Anzahl der geschätzten Parameter des Modells

Um festzustellen, ob sich das Modell durch die Aufnahme weiterer Variablen verbessert, sollte daher das korrigierte Pseudo-R^2 herangezogen werden. Üblich sind hierfür heutzutage aber vor allem sogenannte Informationsmaße, die weiter unten erläutert werden.

Auch wenn das Pseudo-R^2 analog zu R^2 konstruiert ist, so bestehen doch weitreichende Unterschiede. Eines der Probleme von Pseudo-R^2 besteht darin, dass das Anologon zur Varianz, die Devianz, abhängig von der Anzahl der Fälle ist, während die Varianz der abhängigen Variablen in einer linearen Regression mehr oder weniger unabhängig davon ist, wie groß die Stichprobe ist. Insofern entspricht die Devianz eigentlich mehr den Sum of Squares im linearen Modell als der Varianz.

Nehmen wir an, wir hätten eine Stichprobe von 10 Fällen, fünf davon mit dem Wert „1" und fünf mit dem Wert „0". Die Likelihood des Nullmodells ist entsprechend $0{,}5^{10}$ bzw. 1/1024 bzw. 0,000977. Der dazugehörige Wert der Loglikelihood ist $-6{,}931$. Nehmen wir an, das Modell besteht in einer Funktion, die es erlaubt, die Elemente beider Gruppen jeweils mit Wahrscheinlichkeit 0,8 richtig zu klassifizieren. Die Likelihood von M_1 wäre demnach $0{,}8^8 \times 0{,}2^2 = 0{,}006711$, der Wert der Loglikelihood $-5{,}004$. Der Wert von McFadden's Pseudo-R^2 errechnet sich demnach als:

$$Pseudo - R^2 = 1 - \frac{-5{,}004}{-6{,}931} = 0{,}278$$

Nehmen wir nun an, wir verdoppeln die Stichprobe, wobei die innere Struktur der neuen Stichprobe mit der der alten identisch ist, d. h. es bleibt bei demselben Verhältnis von „1"en zu „0"en und die Wahrscheinlichkeiten, mit denen ein Fall in einer der Gruppen im Modell M_1 richtig identifiziert wird, bleiben ebenfalls dieselben. Dann ist die Likelihood des Nullmodells einfach $0{,}5^{20}$ und die des betrachteten

Modells M_1 gleich $0{,}8^{16} \times 0{,}2^4$. Die Likelihoods der verdoppelten Stichprobe sind also die Quadrate der Likelihoods der einfachen Stichprobe, die Loglikelihoods sind dann aber jeweils doppelt so groß wie die der einfachen Stichprobe. Der Faktor 2 kann dann einfach aus dem Quotienten der beiden Likelihoods in Gl. 6.4 gekürzt werden, d. h. am Pseudo-R^2 ändert sich nichts durch Verdoppelung der Stichprobe, solange die innere Struktur der Zusammenhänge dieselbe bleibt. Die Devianz selbst nimmt also mehr oder weniger proportional zu n zu, der Quotient aus mehreren Devianzen wie z. B. in Gl. 6.3 ist hingegen invariant gegenüber einer Änderung der Stichprobengröße.

Die Likelihood einer gegebenen Verteilung ist das Produkt aus den einzelnen Trefferwahrscheinlichkeiten. Der Wert dieses Produkts entspricht demjenigen, den man erhält, wenn man das geometrische Mittel aller Trefferwahrscheinlichkeiten n-mal mit sich selbst multipliziert.

$$L = T_i = g^n \qquad \text{Gl (6.6)}$$

mit

g   geometrisches Mittel aus L, also $g = \sqrt[n]{L} = L^{\frac{1}{n}}$

Entsprechend gilt für die Loglikelihood:

$$LL = \ln T_i = \ln g^n = n \times \ln g \qquad \text{Gl (6.7)}$$

Eine andere Formulierung von Gl. 6.4 wäre daher:

$$Pseudo - R^2 = 1 - \frac{\ln g_1^n}{\ln g_0^n} = 1 - \frac{n \times \ln g_1}{n \times \ln g_0} = 1 - \frac{\ln g_1}{\ln g_0} \qquad \text{Gl (6.8)}$$

mit

g_1 geometrisches Mittel der Likelihood von M_1
g_0 geometrisches Mittel der Likelihood von M_0

Letztlich lässt sich also der Quotient aus den Loglikelihoods auf einen Quotienten der logarithmierten geometrischen Mittel der Trefferwahrscheinlichkeiten in den einzelnen Modellen reduzieren.

Auf der Likelihood beruhende Maße für Pseudo-R^2: Cox und Snell's R^2 und Nagelkerke's R^2

McFadden's Pseudo-R^2 beruht auf der Loglikelihood und kann demnach auch auf Basis der Devianz berechnet werden. Den Grundgedanken, dass dieses Maß auch auf Basis der geometrischen Mittel der Likelihood interpretiert werden kann (bzw. der logarithmierten Werte derselben) macht sich auch das folgende Goodness-of-fit-Maß zu eigen, nämlich Cox und Snells R^2, das von vielen Statistikprogrammen, wie z. B. SPSS, als eines der Standardmaße der Goodness-of-Fit ausgegeben wird. Dieses Maß beruht auf der sogenannten *Likelihood-Ratio*, also dem Verhältnis der beiden Werte der Likelihoodfunktion für das Nullmodell und das betrachtete Modell M_1.

$$Likelihood - Ratio = LR = \frac{L_0}{L_1} \qquad \text{Gl (6.9)}$$

$$Cox\ und\ Snells\ Pseudo - R^2 = R^2_{CS} = 1 - \left(\frac{L_0}{L_1}\right)^{\frac{2}{N}} \qquad \text{Gl (6.10)}$$

Der Wert des Subtrahenden kann intuitiv halbwegs nachvollzogen werden. Der Ausdruck $\left(\frac{L_0}{L_1}\right)^{\frac{1}{N}}$ entspricht der N-ten Wurzel aus der Likelihoodratio. Damit aber stellt er nichts anderes dar als das geometrische Mittel aus den Verhältnissen der individuellen Trefferwahrscheinlichkeiten ohne und mit der Information der unabhängigen Variablen. Nehmen wir an, ein Mitglied einer bestimmten Variablenkombination kann mit der Wahrscheinlichkeit 0,8 richtig klassifiziert werden, während der a-priori-Wert, also der des Nullmodells nur 0,5 betrug (es gibt also genauso viele Werte von Y mit der Ausprägung „1" wie „0"). Die individuelle Ratio ist dann 0,5/0,8 bzw. 5/8 oder 0,625. Je kleiner diese Ratio, desto größer der Informationsgewinn durch Hinzuziehung der unabhängigen Variablen bzw. die Erhöhung der Trefferwahrscheinlichkeit der Prognose. $\left(\frac{L_0}{L_1}\right)^{\frac{1}{N}}$ ist dann nichts anderes als die mittlere Ratio von Trefferwahrscheinlichkeit-vorher durch Trefferwahrscheinlichkeit-nachher.

Da viele Goodness-of-Fit-Maße wie z. B. das von McFadden auf die Loglikelihoods und nicht die Likelihoodwerte zurückgreifen, kann die Formel auch leicht umgewandelt werden, um den Vergleich zwischen verschiedenen Formen des Pseudo-R^2 zu erleichtern.

$$Cox\,und\,Snells\,Pseudo-R^2 = R^2_{CS} = 1-\left(\frac{L_0}{L_1}\right)^{\frac{2}{N}}$$

$$= 1-e^{ln\left(\left(\frac{L_0}{L_1}\right)^{\frac{2}{N}}\right)}$$

$$= 1-e^{\frac{2}{N}ln\left(\frac{L_0}{L_1}\right)}$$

$$= 1-e^{-\frac{1}{N}(-2\times lnL_0 -(-2)\times lnL_1)}$$

$$= 1-e^{-\frac{D_0-D_1}{N}}$$

Gl (6.11)

Je größer die Differenz $D_0 - D_1$, desto kleiner wird der Subtrahend, also der Exponentialausdruck, der Formel. Am kleinsten wird er, wenn D_1 gleich 0 ist, d. h. wenn die Likelihood von M_1 gleich 1 ist. Cox und Snell's R^2 kann daher niemals 1 sein, selbst wenn im Modell M_1 der Y-Wert aller Fälle mit hundertprozentiger Sicherheit richtig klassifiziert würde. L_1 in Gl. 6.10 ist dann gleich 1, so dass der Maximalwert von Cox und Snell's R^2 gleich $1-(L_0)^{\frac{2}{N}}$ ist. Es gibt daher eine Standardisierung von Cox und Snell's R^2, die unter dem Namen Nagelkerke's R^2 in der Statistiksoftware verbreitet ist und auf einem Vorschlag von Cragg und Uhler (1970) beruht[1].

$$Nagelkerke's\,Pseudo-R^2 = R^2_N = \frac{R^2_{CS}}{1-L_0^{\frac{2}{N}}} = \frac{1-\left(\frac{L_0}{L_1}\right)^{\frac{2}{N}}}{1-L_0^{\frac{2}{N}}} \qquad \text{Gl (6.12)}$$

Nagelkerke's R^2 ist daher immer größer als das von Cox und Snell, wobei letzteres meistens (aber nicht notwendig) größer ist als McFadden's R^2. Für unser Standardbeispiel der multivariaten Analyse der Wahlteilnahme etwa ergeben sich die folgenden Werte (Tab. 6.1):

---

[1] Bezüglich der zahlreichen Konzepte für Pseudo-R^2 bei der logistischen Regression bzw. verschiedenen GLM-Modellen (generalized linear models) gilt Stigler's Gesetz der Eponymie (Stigler 1999), nach dem eine Entdeckung fast niemals nach ihrem ersten Urheber benannt ist, in vielerlei Hinsicht und sorgt mitunter für Verwirrung. So wird McFadden's R^2 z. B. von Andy Field etwas irritierend als Hosmer und Lemeshow's R^2 bezeichnet (Field et al. 2012, S. 317). Nagelkerke's R^2 wird in der pR2-Funktion des R-package pscl von Simon Jackman als Cragg und Uhler's R^2 bezeichnet, während Cox und Snell's R^2 schlicht als Maximum Likelihood Pseudo-R^2 bezeichnet wird. Ich halte hier an den Bezeichnungen fest, die sich verbreitet haben, Stigler's Gesetz zum Trotz bzw. als eine weitere dieses womöglich verifizierende Instanz.

Tab. 6.1 Werte verschiedener Goodness-of-Fit-Maße für das Beispiel der Wahlteilnahme

McFadden's R^2	0,324
Cox und Snell's R^2	0,270
Nagelkerke's R^2	0,434

Modellvergleiche mit Hilfe der Likelihood-Ratio-Statistik bzw. dem Likelihood-Ratio-Test

Eine der wichtigsten Funktion der Goodness-of-fit-Maße besteht darin, dass sie den Vergleich zwischen der Güte verschiedener Modelle erlauben, insbesondere dahingehend, ob durch die Hinzunahme weiterer unabhängiger Variablen die Anpassung, die fitness, noch signifikant verbessert werden kann. Das Modell mit weniger Parametern kann dabei als Spezialfall des Modells mit mehr Parametern betrachtet werden, bei dem bestimmte Parameterwerte gewissen Restriktionen bzw. Beschränkungen unterworfen sind. Als Beispiel sollen zwei lineare Modelle M_1 und M_2 herangezogen werden.

$$M_1: Y = \beta_0 + \beta_1 X_1 + \beta_2 X_2$$

$$M_2: Y = \beta_0 + \beta_1 X_1 + \beta_2 X_2 + \beta_3 X_3 + \beta_4 X_4$$

M_1 kann dann als Sonderfall von M_2 betrachtet werden, bei dem die Parameterwerte von β_3 und β_4 auf 0 gesetzt worden sind. M_1 ist also im Vergleich zu M_2 zusätzlichen Restriktionen bzw. Beschränkungen unterworfen und wird daher als das restringierte oder beschränkte Modell (constrained model) bezeichnet, M_2 hingegen als das unrestringierte bzw. unbeschränkte Modell (unconstrained model). Das beschränkte Modell ist im unbeschränkten Modell eingeschachtelt oder eingebettet bzw. genestet. Solche hierarchisch geschachtelte Modelle sind z. B. aus der Durchführung sogenannter schrittweiser Regressionen bekannt, in denen die unabhängigen Variablen Schritt für Schritt in das Modell aufgenommen bzw. entfernt werden, je nachdem, ob man im ersten Schritt mit einer unabhängigen Variablen oder mit allen unabhängigen Variablen beginnt. Das Modell mit weniger Variablen ist immer eingeschachtelt in das Modell mit mehr Variablen, wobei das umfangreichere Modell immer auch alle Variablen des weniger umfangreichen Modells enthält.

Aus der Likelihood-Ratio von unbeschränktem und beschränktem Modell lässt sich dann die sogenannte Likelihood-Ratio-Statistik berechnen:

$$LRS = G^2(M_C | M_U) = 2ln\frac{L(M_U)}{L(M_C)} = 2LL(M_U) - 2LL(M_C) \qquad \text{Gl (6.13)}$$

Mit

M_C Beschränktes Modell (constrained model)
M_U Unbeschränktes Modell (unconstrained model)

Zwei Spezialfälle der LRS sind von besonderem Interesse. Der erste besteht im Vergleich des beschränkten Modells mit einem vollständig unbeschränkten bzw. einfach nur vollständigem Modell (full model)[2], bei dem es so viele zu schätzende Parameter wie Fälle gibt, so dass jeder Fall mit hundertprozentiger Sicherheit richtig prognostiziert werden kann. Die Likelihood des vollständigen Modells ist daher 1, die Loglikelihood gleich 0.

$$G^2(M_C \mid M_F) = 2ln\frac{L(M_F)}{L(M_C)} = 2LL(M_F) - 2LL(M_C) = -2LL(M_C) \quad \text{Gl (6.14)}$$

mit

M_F Vollständiges Modell (full model)

Das Ergebnis auf der rechten Seite zeigt für ein beliebiges Modell (denn für jedes Modell lässt sich das entsprechende vollständige Modell formulieren) das −2fache der Loglikelihood, also die Devianz des Modells. Die Devianz eines beliebigen Modells ist daher nichts anderes als die doppelte Differenz der Loglikelihood des vollständigen Modells zu dem betreffenden spezifizierten Modell. Dementsprechend lässt sich die Likelihood-Ratio-Statistik auf folgende Weise umformulieren:

$$LRS = 2LL(M_U) - 2LL(M_C) = -2LL(M_C) - (-2) \times LL(M_U) = D_C - D_U \quad \text{Gl (6.15)}$$

Der zweite Spezialfall der Likelihood-Ratio-Statistik besteht im Vergleich zwischen dem Nullmodell, also wenn der einzige Parameter aus der Konstanten besteht, und einem Modell M_1 mit mehreren unabhängigen Variablen. Das Nullmodell M_0 ist dann immer in das Modell M_1 eingebettet, bzw. stellt eine Restriktion desselben dar.

$$G^2(M_0 \mid M_1) = 2LL(M_1) - 2LL(M_0) = D_0 - D_1 \quad \text{Gl (6.16)}$$

Oft wird dieser Ausdruck auch nur als G^2 bezeichnet. Er stellt also die Differenz der Devianz des Nullmodells zum betreffenden inhaltlich spezifizierten Modell M_1 dar, das einige unabhängige Variablen enthält.

---

[2] Die Verwendung des Begriffs „vollständiges Modell" (full model) ist in der Statistikliteratur leider nicht einheitlich geregelt. Ich orientiere mich hier am Sprachgebrauch bei Long (1997, S. 94). Andere Autoren sprechen hier hingegen vom „saturierten Modell", während der Begriff des vollständigen Modells, also dem „full model" häufig einfach für das Modell mit allen Prädiktoren angewandt wird – in Abgrenzung zum Nullmodell –, also dem, was ich hier meistens als M_1 bezeichne oder auch als spezifiziertes Modell bezeichnet habe. Da im letzteren Sinn der Begriff „full" bzw. „vollständig" willkürlich erscheint, da ja jedes nach dieser Auffassung „vollständige" Modell durch die Aufnahme weiterer unabhängiger Variable in das erweiterte Modell eingeschachtelt werden kann, schließe ich mich der Terminologie von Long an.

6 Goodness-of-fit-Maße, Modellvergleiche und Signifikanztests

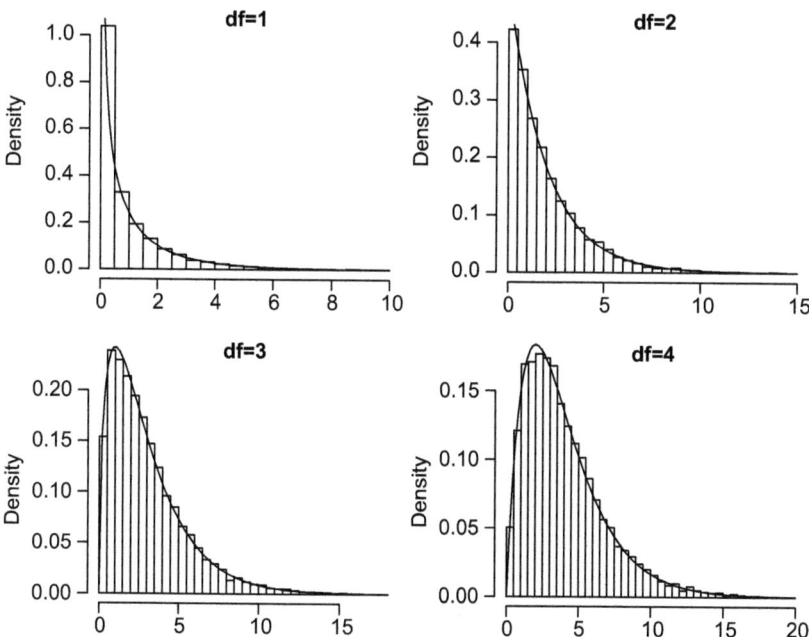

Abb. 6.1 Devianzreduktion durch Aufnahme weiterer Variabler und Chi²-Funktionen. Simulationen mit 10.000 Iterationen und 1000er Stichproben

Es lässt sich beweisen, dass die Likelihood-Ratio-Statistik unter sehr generellen Bedingungen asymptotisch Chi²-verteilt ist mit einer Anzahl von Freiheitsgraden, die der Differenz der freien Parameter zwischen beschränktem und unbeschränktem Modell entspricht. Dies ist auch der Grund, warum die Loglikelihood mit dem Faktor 2 multipliziert wird (bzw. mit − 2 für die Darstellung als Devianz), denn hierdurch wird diese Approximationsmöglichkeit gewährleistet. Die Tatsache, dass die Verteilung der Differenzen zweier Devianzen sich asymptotisch der Chi²-Verteilung annähert, bedeutet, dass dies nur gilt, wenn die Stichprobe hinreichend groß ist.

In Abb. 6.1 sind die Ergebnisse einiger Simulationen dargestellt. Ausgangsbasis ist immer eine Stichprobe mit 1000 Fällen. Der Hälfte dieser Fälle wird der Wert „1", der anderen der Wert „0" für die abhängige Variable Y zugewiesen. Des Weiteren werden normalverteilte Zufallsvariablen X_1 bis X_4 generiert. Diese Zufallsvariablen weisen also keinen Zusammenhang mit der abhängigen Variablen auf, auftretende Korrelationen sind rein zufällig bedingt. Im ersten Simulationsmodell wird eine logistische Regressionsfunktion mit einer unabhängigen Variablen (X_1) geschätzt, im zweiten Simulationsmodell werden zwei unabhängige Variablen aufgenommen, im dritten drei und im vierten vier. Jedes Simulationsmodell durchläuft 10.000 Iterationen. Anders ausgedrückt: Im ersten Simulationsmodell werden 10.000 Stichproben generiert, die

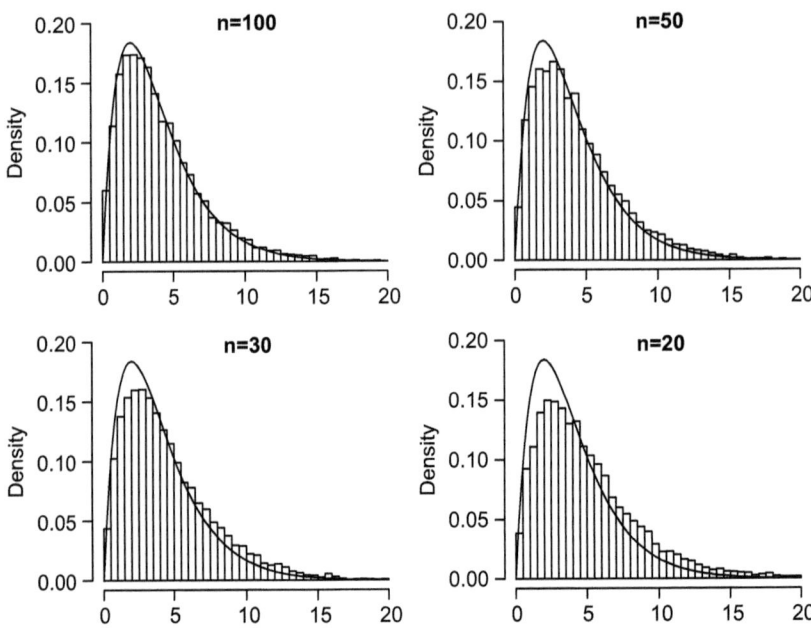

Abb. 6.2 Modell-Chi^2 für vier unabhängige Variablen bzw. vier Freiheitsgrade. Simulationen mit 10.000 Iterationen für Stichproben verschiedenen Umfangs

jeweils den Umfang 1000 haben und neben der Y-Variablen eine normalverteilte Zufallsvariable X_1 beinhalten. Für jede dieser Stichproben lässt sich dann anhand der durchgeführten logistischen Regressionsanalyse die Differenz der Devianzwerte des Nullmodells M_0 und des Modells M_1 unter Inklusion der bzw. den unabhängigen Variablen berechnen. Die Abbildungen zeigen die Stichprobenverteilung dieser Differenzen als Histogramme. Die dicke durchgehende Linie zeigt jeweils die Dichtefunktion der Chi^2-Verteilung für einen, zwei, drei und vier Freiheitsgrade.

Wie unmittelbar zu erkennen ist, werden die Differenzen aus D_0 und D_1 sehr gut durch die entsprechenden Chi^2-Verteilungen angenähert. Die Differenz von D_0 und D_1 eines Modells mit k unabhängigen Variablen, die keinen systematischen Zusammenhang mit Y aufweisen, kann also sehr genau mit einer Chi^2-Verteilung mit k Freiheitsgraden angenähert werden. Die Likelihood-Ratio-Statistik in Gl. 6.16, also die Differenz $D_0 - D_1$ wird daher auch als *Modell-Chi^2* bezeichnet.

Eine wichtige Frage ist natürlich diejenige, ab welcher Größe der Stichprobe man davon ausgehen kann, dass das Modell-Chi^2 bzw. genauer gesagt die Differenz der Devianzen von M_0 und M_1 tatsächlich hinreichend genau durch eine Chi^2-Verteilung angenähert werden können. In Abb. 6.2 sind Simulationen für Modelle mit vier unabhängigen Variablen, die nur zufällig mit der abhängigen Variablen zusammen hängen, für verschiedene Stichprobenumfänge angegeben.

6 Goodness-of-fit-Maße, Modellvergleiche und Signifikanztests

```
Call:
glm(formula = wahl ~ maxsymp + polint + demzuf + pid,
    family = binomial(link = "logit"))

Deviance Residuals:
    Min      1Q  Median      3Q     Max
-3.4618  0.1163  0.2781  0.5162  2.4918

Coefficients:
            Estimate Std. Error z value Pr(>|z|)
(Intercept) -3.08014    0.29746 -10.355  < 2e-16 ***
maxsymp      0.27136    0.03657   7.419 1.18e-13 ***
polint       0.92438    0.09148  10.105  < 2e-16 ***
demzuf       0.45396    0.07606   5.969 2.39e-09 ***
pid          1.27525    0.17739   7.189 6.53e-13 ***
---
Signif. codes:  0 '***' 0.001 '**' 0.01 '*' 0.05 '.' 0.1 ' ' 1

(Dispersion parameter for binomial family taken to be 1)

    Null deviance: 1751.2  on 1801  degrees of freedom
Residual deviance: 1184.4  on 1797  degrees of freedom

AIC: 1194.4

Number of Fisher Scoring iterations: 6
```

Abb. 6.3 R-Output einer logistischen Regressionsanalyse, Erklärung der Wahlteilnahme mit den unabhängigen Variablen Parteienverdrossenheit, Politisches Interesse, Demokratiezufriedenheit und Parteineigung

Als grobe Empfehlung kann man sich auch hier an die Faustregel halten, dass Stichprobengrößen von mehr als 50 Fällen in der Regel hinreichend gut sind. Stichprobengrößen von 30 und 20 weichen jedoch schon durchaus merklich von der Chi^2-Verteilung ab, wie man in der Graphik erkennen kann. Bei nur knapp signifikanten Ergebnissen sollte man daher hier entsprechende Vorsicht bei der Interpretation walten lassen.

Beispiele für die Anwendung des Likelihood-Ratio-Tests
In Abb. 6.3 sind die Ergebnisse einer logistischen Regression dargestellt, wie sie vom Statistikprogramm R als sogenannter *summary*-Output präsentiert werden. Um den Likelihood-Ratio-Test durchzuführen, bzw. um festzustellen, ob das Modell eine signifikante Verbesserung gegenüber dem Nullmodell erzielt, muss als erstes das Modell-Chi^2 bestimmt werden bzw. die Differenz aus Nulldevianz und residualer Devianz. Diese errechnet sich im vorliegenden Modell als 1751,2 – 1184,4 = 566,83.

```
Call:
glm(formula = wahl ~ maxsymp + polint + pid, family = binomial(link =
"logit"))

Deviance Residuals:
    Min      1Q   Median      3Q      Max
-3.3763  0.1323   0.2869  0.5374   2.2574

Coefficients:
            Estimate Std. Error z value Pr(>|z|)
(Intercept) -1.92780    0.21291  -9.054  < 2e-16 ***
maxsymp      0.30031    0.03610   8.319  < 2e-16 ***
polint       0.96294    0.09081  10.604  < 2e-16 ***
pid          1.30792    0.17481   7.482 7.32e-14 ***
---
Signif. codes:  0 '***' 0.001 '**' 0.01 '*' 0.05 '.' 0.1 ' ' 1

(Dispersion parameter for binomial family taken to be 1)

    Null deviance: 1751.2  on 1801  degrees of freedom
Residual deviance: 1221.0  on 1798  degrees of freedom
AIC: 1229

Number of Fisher Scoring iterations: 6
```

Abb. 6.4 R-Output einer logistischen Regressionsanalyse, Erklärung der Wahlteilnahme mit den unabhängigen Variablen Parteienverdrossenheit, Politisches Interesse und Parteineigung

Aus diesen Werten können auch die verschiedenen Goodness-of-Fit-Maße errechnet werden. McFadden's R^2 z. B. errechnet sich als 1 – 566,83/1184,4.

Für die Überprüfung der Signifikanz des Modells ziehen wir einen einfachen Chi²-Test heran, d. h. wir überprüfen direkt an der Verteilung selbst, mit welcher Wahrscheinlichkeit der kritische Testwert oder ein extremerer unter rein zufälligen Bedingungen auftreten würde. Die Anzahl der Freiheitsgrade entspricht der Differenz der Parameterwerte, hier also 4. Der Wert der Verteilungsfunktion einer Chi²-Verteilung mit 4 Freiheitsgraden für das Argument 566,83 konvergiert derart nahe an die 1, dass er nur noch als „1" ausgegeben wird. Die Wahrscheinlichkeit also, dass ein zufällig ausgewählter Wert einer Chi²-Verteilung mit vier Freiheitsgraden größer oder gleich 566,83 ist, kann demnach für alle praktische Zwecke als 0 angesehen werden. Das Modell ist also höchstsignifikant.

Noch relevanter als die Entscheidung für ein Modell gegenüber dem Nullmodell ist die Auswahl eines bestimmten Modells mit einer bestimmten Anzahl von Variablen aus einer Vielzahl möglicher und mehr oder weniger plausibler Modelle. Stehen diese Modelle in einem hierarchischen Verhältnis zueinander, können wir sie ebenfalls mit Hilfe der Chi²-Statistik vergleichen. Nehmen wir an, wir möchten entscheiden, ob die Variable *demzuf* in unserem Modell beibehalten oder eher daraus entfernt werden soll. Das alternative Modell ist also dasselbe wie das obige ohne die Variable *demzuf*, demnach ist das zweite Modell in das erste eingebettet bzw. genestet, da es durch die Restriktion $\beta_{demzuf}=0$ aus diesem hervorgeht (Abb. 6.4).

Die residuale Devianz des beschränkten Modells ist jetzt 1221,0 statt 1184,4 des unbeschränkten. Die Likelihood-Ratio-Statistik beträgt demnach 36,6 bei einem Freiheitsgrad. Der dazugehörige Wert der entsprechenden Chi^2-Verteilungsfunktion beträgt $1,5 \times 10^{-9}$ (bzw. die Differenz aus 1 und diesem Wert), das Ergebnis ist also wieder höchstsignifikant. Die Variable *demzuf* leistet also einen höchstsignifikanten Beitrag zur Erklärung der abhängigen Variable Wahlteilnahme und sollte daher nicht aus unserem Modell entfernt werden.

Es ist wichtig zu beachten – da der Likelihood-Ratio-Test nur für genestete Modell durchgeführt werden kann –, dass sich die Stichproben, mit denen die jeweiligen Analysen bei den beiden Modellen durchgeführt, die man vergleicht, nicht unterscheiden dürfen. Nimmt man im zweiten Modell die Variable *demzuf* aus der Analyse heraus, dann kann es sein, dass bezüglich der verbleibenden unabhängigen Variablen mehr Fälle vorhanden sind, für die alle ein gültiger Wert existiert. *Um den Vergleich zwischen zwei Modellen mit Hilfe der Likelihood-Ratio-Statistik durchführen zu können, muss gewährleistet sein, dass beide Modelle in Bezug auf dieselbe Stichprobe von Fällen berechnet werden. Auch das reduzierte Modell darf nur mit den Fällen durchgeführt werden, für die auch im unrestringierten Modell für alle unabhängigen Variablen gültige Werte vorliegen.*

Genauso wie wir ein vorhandenes Modell mit einem um eine oder mehrere Variablen reduzierten Modell vergleichen können, können wir uns natürlich überlegen, ob wir das ursprüngliche Modell noch um zusätzliche Variablen erweitern sollten, so dass das ursprüngliche Modell in Bezug auf den Vergleich zum reduzierten wird. Z. B. könnte man mit plausiblen Gründen vermuten, dass auch das Geschlecht einen Einfluss auf die Wahlteilnahme ausübt. Wir nehmen also zum ursprünglichen Modell noch die Variable *mann* auf, die den Wert „1" annimmt, wenn der/die Befragte ein Mann ist, und den Wert „0", wenn der/die Befragte eine Frau ist. Das neue, um eine Variable erweiterte Modell ist nun das unbeschränkte Modell und das Ausgangsmodell in Tab. 6.3 das beschränkte. Die Aufnahme der Variable *mann* vermindert die residuale Devianz von 1184,4 um 6,3 auf 1178,1. Der entsprechende P-Value der Chi^2-Verteilung für einen Freiheitsgrad, also die Wahrscheinlichkeit, dass ein solcher Wert oder ein extremerer auftritt, beträgt 0,012, das Ergebnis ist also auf dem 5 %-Niveau signifikant. Die Variable Geschlecht ist daher imstande, einen weiteren signifikanten Beitrag zur Erklärung der Wahlteilnahme zu leisten und sollte in das Modell aufgenommen werden.

Grundsätzlich können wir auf diese Weise alle möglichen Modelle miteinander vergleichen. Natürlich ist es auch möglich, zwei Modelle miteinander zu vergleichen, die sich nicht nur durch die Berücksichtigung einer weiteren Variablen unterscheiden, sondern durch einen ganzen Block von Variablen. Der Effekt, den man nach theoretischen Erwägungen vom Alter auf die Wahlteilnahme erwartet, z. B. ist

```
Call:
glm(formula = wahl ~ maxsymp + polint + demzuf + pid + mann +
    alter + alter2, family = binomial(link = "logit"))

Deviance Residuals:
    Min       1Q   Median       3Q      Max
-3.6258   0.1079   0.2601   0.5132   2.2973

Coefficients:
             Estimate Std. Error z value Pr(>|z|)
(Intercept) -4.3638633  0.6046824  -7.217 5.32e-13 ***
maxsymp      0.2739231  0.0372708   7.350 1.99e-13 ***
polint       0.9448751  0.0951922   9.926  < 2e-16 ***
demzuf       0.4432840  0.0768646   5.767 8.07e-09 ***
pid          1.3057065  0.1811319   7.209 5.65e-13 ***
mann        -0.3490141  0.1548621  -2.254   0.0242 *
alter        0.0452609  0.0235692   1.920   0.0548 .
alter2      -0.0002868  0.0002360  -1.215   0.2243
---
Signif. codes:  0 '***' 0.001 '**' 0.01 '*' 0.05 '.' 0.1 ' ' 1

(Dispersion parameter for binomial family taken to be 1)

    Null deviance: 1751.2  on 1801  degrees of freedom
Residual deviance: 1160.1  on 1794  degrees of freedom
  (2486 observations deleted due to missingness)
AIC: 1176.1

Number of Fisher Scoring iterations: 6
```

Abb. 6.5 R-Output einer logistischen Regressionsanalyse, Erklärung der Wahlteilnahme mit den unabhängigen Variablen Parteienverdrossenheit, Politisches Interesse, Demokratiezufriedenheit, Parteineigung, Geschlecht und Alter als Polynom zweiten Grades

eher kurvilinear, d. h. die Wahlteilnahme ist vermutlich im mittleren Altersbereich am höchsten, während Erstwahlberechtigte und sehr alte Bürger eher seltener zur Wahl gehen. Im nächsten Modell gehen daher zum vorherigen Modell noch die zwei zusätzlichen Variablen bzw. Prädiktoren *alter* und *alter*^{2} ein, mit denen der kurvilineare Charakter des Einflusses von Alter auf die Wahlteilnahme, genauer auf die Logits der Wahrscheinlichkeit der Wahlteilnahme, in Form einer Parabel modelliert werden kann. Die quadrierte Altersvariable kann auch als Interaktionseffekt des Alters mit sich selbst gesehen werden. Grundsätzlich gilt, dass bei der Berücksichtigung von Interaktionseffekten die Anzahl der Prädiktoren stärker ansteigt als die der Inputkonzepte. Die Ergebnisse in Abb. 6.5 zeigen einen parabelförmigen Effekt des Alters auf das Logit der Wahrscheinlichkeit der Wahlteilnahme,

6 Goodness-of-fit-Maße, Modellvergleiche und Signifikanztests

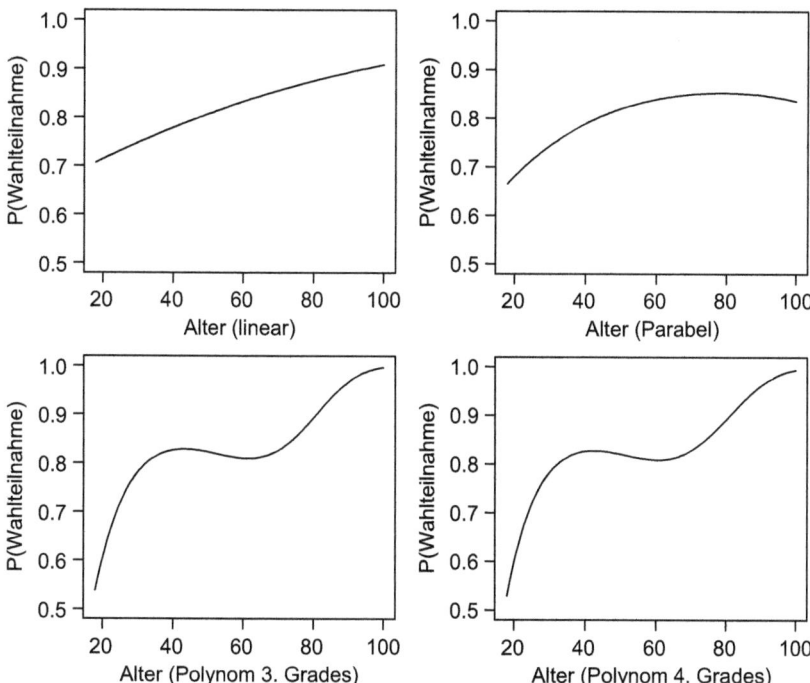

Abb. 6.6 Bedingter Effekt des Alters auf die Wahrscheinlichkeit der Wahlteilnahme als Polynome ersten, zweiten, dritten und vierten Grades

das sein Maximum bei einem Alter von ca. 79 Jahren aufweist. Allerdings verringert die Hinzunahme des quadratischen Terms des Alters die residuale Devianz nur minimal und ist nicht statistisch signifikant.

Fügt man jedoch das Alter zur dritten Potenz erhoben noch hinzu, verringert sich die residuale Devianz um 9,6 deutlich von 1160,1 auf 1150,5, das Ergebnis ist hochsignifikant (P-Wert = 0,002). Die Modellierung des Alterseffekts als Polynom vierten Grades bringt allerdings keine weitere Reduktion der Devianz. In Abb. 6.6 ist der Alterseffekt als linearer, parabelförmiger und der eines Polynoms dritten und vierten Grades abgebildet. Wie immer ist der Effekt selber, wie er sich in dem linearen Prädiktor darstellt, von dem das entsprechende Polynom ein Teil ist, der Effekt auf die Logits der Wahrscheinlichkeit der Wahlteilnahme. Für Abb. 6.6 wurden diese Werte mit der Umkehrfunktion der Logits in Wahrscheinlichkeitswerte transformiert. Für die übrigen Variablen wurden zur Berechnung der altersbedingten Wahrscheinlichkeiten jeweils die Mittelwerte der Variablen in die Gleichungen eingesetzt, die dichotomen Variablen Parteineigung und Geschlecht wurden auf die

Konstanten „keine Parteineigung" und „Mann" gesetzt. Die Grafiken zeigen also den bedingten Effekt des Alters für Männer ohne Parteineigung, die mittlere Werte bei der Parteiverdrossenheit, dem politischen Interesse und der Demokratiezufriedenheit aufweisen.

Tatsächlich zeigt sich einmal mehr der große Vorteil grafischer Darstellungen, das Wesen eines Zusammenhangs im wörtlichen Sinn „auf einen Blick" zu zeigen. Wie wir schon wissen, wird der Alterseffekt als Polynom dritten Grades am effizientesten modelliert, d. h. die Abbildung links unten kommt dem „wahren" Alterseffekt wohl am nächsten. Die Bandbreite der geschätzten Wahrscheinlichkeiten aufgrund des Alters ist hier mit Abstand am höchsten, woran man schon erkennt, dass das Polynom dritten Grades die stärkste Erklärungskraft besitzt. Demnach nimmt die Wahlbeteiligung zwischen 18 und 40 erst einmal stark zu, um sich dann auf einem Niveau von ca. 80 % mehr oder weniger einzupendeln. Mit 65 steigt die Wahlbeteiligung dann mit dem Alter jedoch weiterhin kontinuierlich an. Es sei dahingestellt, ob es sich bei dem gefundenen Zusammenhang um einen für die Grundgesamtheit verallgemeinerbaren handelt oder vielleicht im Wesentlichen um einen Selektionseffekt (je älter man ist und dennoch an einer Umfrage teilnimmt, desto größer ist die Wahrscheinlichkeit, dass man auch zur Wahl geht bzw. behauptet zur Wahl zu gehen). Vorstellbar sind auch Sozialisationseffekte bzw. Kohorteneffekte, d. h. diejenigen, die zu einer Zeit sehr hoher Wahlbeteiligung politisch sozialisiert wurden, behalten ihre Disposition zur Wahl zu gehen auch im hohen Alter bei. Unabhängig davon, welche theoretische Erklärung man für plausibel hält: Entscheidend ist, dass sowohl die lineare als auch die parabelförmige Modellierung des Alterseffekts diese Form des Zusammenhangs nicht abbilden können und daher bei ihrer Erklärungskraft deutlich schlechter abschneiden, als wenn man den Alterseffekt als Polynom dritten Grades modelliert, was ja bedeutet, dass die Kurve mit einem Wendepunkt gebildet werden kann.

Bei der Aufnahme von *alter²* und *alter³* in den linearen Prädiktor geht es nicht um die Hinzuziehung *weiterer* wichtiger Einflussfaktoren, sondern um die angemessene Modellierung der Form *eines* bestimmten Einflussfaktors, die hier offensichtlich durch ein Polynom dritten Grades relativ gut erfasst werden kann. Selbst wenn in solchen Fällen einzelne Glieder des Polynoms in der Mitte keinen eigenen signifikanten Beitrag leisten sollten, ist es dennoch angemessen, alle Glieder des Polynoms aufzunehmen. Der Gesamteffekt des Alters lässt sich auch nicht sinnvoll in die einzelnen Beiträge von *alter, alter²* und *alter³* zerlegen, sondern nur als „Paket" aller drei Prädiktoren zusammen, die in ihrer Gesamtheit den Inputfaktor Alter abbilden. Nur in dieser „Paket-Form" sollte dann der Effekt von Alter interpretiert werden und die schrittweise Überprüfung der Signifikanz der quadratischen und kubischen Komponente nur als Zwischenschritte zur Formulierung der angemessenen Form angesehen werden. Im Verhältnis zum Ausgangsmodell mit den fünf Prädiktoren *maxsymp, polint, demzuf, pid* und *mann* reduziert sich die residuale Devianz von 1178,1 auf 1150,5. Der P-Value für den Wert 27,6 einer Chi^2-Verteilung mit drei Freiheitsgraden beträgt $4,5 \times 10^{-6}$. Die Aufnahme des Inputs von Alter in Form eines Polynoms dritten Grades erhöht die Erklärungskraft des Modells also auf höchstsignifikante Weise.

Die Modellierung einer Einflussgröße als Polynom ist ein Fall, in dem ein Input in Form mehrerer Prädiktoren in das Erklärungsmodell aufgenommen wird. Der zweite klassische Fall besteht in der Aufnahme einer nominalkategorisierten Variablen wie z. B. Bildung, die zur angemessenen Modellierung in mehrere dichotome Dummy-Variablen aufgespalten werden muss. Wird die Bildung z. B. in drei Kategorien gemessen, dann müssen zwei Dummy-Variablen gebildet werden und die Referenzkategorie ist in der Konstanten enthalten. Auch in diesem Fall der Zerlegung einer Inputvariablen in mehrere Dummy-Variablen ist es nur sinnvoll, wenn man alle Dummy-Variablen gemeinsam in das Modell aufnimmt und die Verbesserung des Modells in Hinsicht auf den Gesamteffekt aller Dummy-Variablen berechnet und nicht für die einzelnen Dummy-Variablen.

Bei der Auswahl eines Modells bzw. der unabhängigen Variablen, die im Modell vorkommen, sollte allerdings in erster Linie nach theoretischen Gesichtspunkten vorgegangen werden, d. h. es sollten diejenigen Variablen in das Modell aufgenommen werden, für die es plausible Gründe gibt. Variablen, die einen signifikanten Effekt aufweisen, sollten auf jeden Fall im Modell beibehalten werden, wenn sie das im Sinne der Theorie richtige Vorzeichen aufweisen. Variablen, die ein Vorzeichen haben, das den theoretischen Erwartungen widerspricht, und gleichzeitig signifikant sind, sollten zu einem Überdenken der theoretischen Erwartungen und eventuell einer Neuformulierung der Theorie führen. Im Idealfall führt dies zum Aufspüren und zur Aufnahme bisher nicht beachteter Variablen. Variablen, die nicht signifikant sind, aber das richtige Vorzeichen haben, sollten ebenfalls beibehalten werden, da sie die Vorhersagekraft des Modells im Zweifelsfall dennoch verbessern, ihr aber in der Regel auf keinen Fall schaden (vgl. Gelman und Hill 2007, S. 69). Auch wenn die theoretischen Erwartungen keine Bewährung erfahren haben, so heißt dies keinesfalls, dass sie auf falschen Annahmen beruht haben.

Die Signifikanz von Variablen, die durch exploratives „Austasten" von Modellen, also durch vielfach wiederholtes probeweises Aufnehmen vieler einzelner Variablen, in das Modell geraten sind, sollten wie immer in solchen Fällen nur als Hinweise verstanden werden, dass hier ein theoretisch interessanter Zusammenhang bestehen könnte, aber niemals schon als Bestätigung dieses Zusammenhangs. Probiert man sehr viele solcher Modelle aus, muss es fast zwangsläufig dazu kommen, dass bestimmte Variablen einen „signifikanten" Effekt aufweisen. Aber die

Signifikanz einer Beobachtung bezieht sich immer auf die „Unwahrscheinlichkeit", sie schon vor ihrem Auftreten korrekt prognostizieren zu können, wobei sich die „Unwahrscheinlichkeit" auf die Wahrscheinlichkeit bezieht, die das prognostizierte Ergebnis hätte, wenn die der Prognose zugrundeliegende Theorie *nicht* zutreffen würde. Im Sinne der unterstellten Theorie hingegen ist die Beobachtung dann sehr wohl wahrscheinlich.

Der Wald-Test
Die Signifikanz eines durch eine bestimmte unabhängige Variable verkörperten Effekts kann neben dem Likelihood-Ratio-Test auch auf direktere und einfachere Weise bestimmt werden, nämlich mit Hilfe des sogenannten Wald-Tests. Theoretisch lässt sich dieser wie der Likelihood-Ratio-Test auf viele verschiedene Formen von Beschränkungen beziehen (Long 1997, S. 89 ff.), die übliche Form der Durchführung ist jedoch der Test auf die Beschränkung, dass der Koeffizient β_j gleich β^* ist. Verliert das Modell durch diese Beschränkung signifikant an Erklärungskraft, kann dementsprechend die Annahme $\beta_j = \beta^*$ zurückgewiesen werden. Die Teststatistik des Wald-Tests berechnet sich auf folgende Weise:

$$W = \left(\frac{\hat{\beta}_j - \beta^*}{\hat{\sigma}_{\beta j}}\right)^2 \qquad \text{Gl (6.17)}$$

Üblicherweise wird auf die Hypothese $\beta_j = 0$ geprüft und die Statistik vereinfacht sich daher auf das Quadrat des Quotienten aus dem Koeffizienten und seinem Standardfehler.

$$W = \left(\frac{\hat{\beta}_j}{\hat{\sigma}_{\beta j}}\right)^2 \qquad \text{Gl (6.18)}$$

Dieser Quotient entspricht einem ganz normalen z-Wert. Da die durch das ML-Verfahren gefundenen Koeffizienten normalverteilt um den wahren Wert des Koeffizienten streuen, ist die Teststatistik dieses einfachen Wald-Tests Chi²-verteilt mit einem Freiheitsgrad. Es ist daher in der Praxis verbreitet, auf die Quadrierung des z-transformierten Koeffizienten zu verzichten, dann ist die entsprechende Form der W-Statistik standardnormalverteilt. Da die meisten Statistikprogramme neben dem Koeffizienten den dazugehörigen Standardfehler ausweisen, ist diese einfache Form besonders leicht durchzuführen. Der Standardoutput in R, der in den obenstehenden Tabellen dargestellt ist, enthält diesen z-Wert direkt. Wie bei jedem Test, der auf einer standardnormalverteilten Teststatistik beruht, ist das Ergebnis daher auf dem 5%-Niveau signifikant, wenn der z-Wert größer als 1,96 bzw. kleiner als −1,96 ist, bzw. der entsprechende quadrierte Wert von z entsprechend einer Chi²-Verteilung größer als 3,84 ist (3,84 = 1,96²).

Der Vorteil des Wald-Tests gegenüber einem Likelihood-Ratio-Test ist seine sehr einfache und in Rechnerzeit unaufwändige Form. In Zeiten relativ schneller

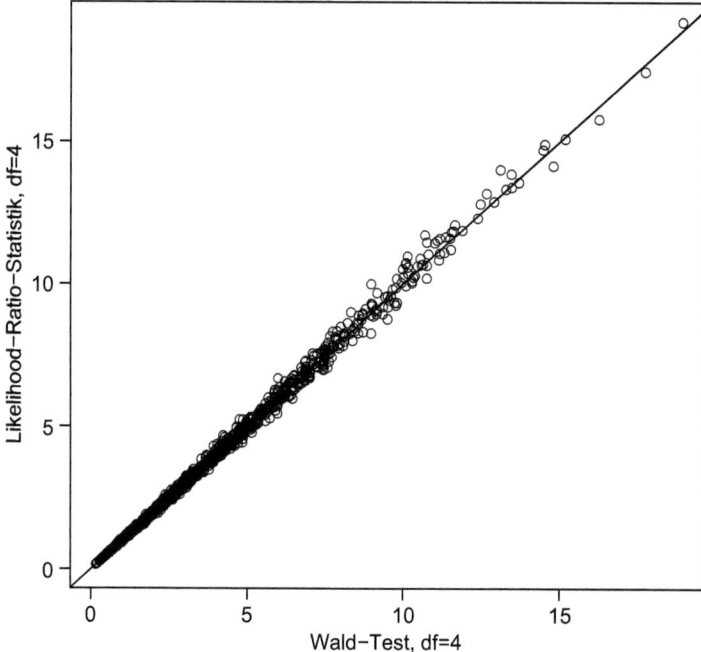

Abb. 6.7 Vergleich von Likelihood-Ratio-Test und Wald-Test mit Hilfe von Simulationen unter der Annahme der Richtigkeit von H_0

Rechner und billiger PC-Rechenzeit tritt dieser Aspekt allerdings in den Hintergrund. Ist die Nullhypothese wahr, sind Likelihood-Ratio-Test und Wald-Test asymptotisch äquivalent und konvergieren zu derselben Chi²-Verteilung. (Man beachte z. B. dass die Modelle in Tab. 6.3 und 6.4 sich durch Hinzufügung bzw. Wegnahme von *demzuf* um ungefähr 36 in der residualen Devianz unterscheiden und dies auch grob dem Quadrat des z-Wertes von *demzuf* entspricht.)

Abbildung 6.7 zeigt die Ergebnisse einer Simulation. In 1000 Iterationen wurden logistische Regressionsanalysen für jeweils Stichproben des Umfangs 1000 mit vier unabhängigen Variablen durchgeführt. Die vier unabhängigen Variablen waren wie in den früheren Simulationsmodellen vier standardnormalverteilte Zufallsvariablen, die also in keinem systematischen Zusammenhang zur abhängigen Variablen standen. Für jede Analyse wurde sowohl die Likelihood-Ratio-Statistik berechnet als auch der Wert der Wald-Statistik, der unter der Annahme $\beta_1 = \beta_2 = \beta_3 = \beta_4 = 0$ als Summe der vier quadrierten z-transformierten Koeffizienten berechnet wurde. Beide Statistiken sind Chi²-verteilt mit vier Freiheitsgraden. Wie in Abb. 6.7 zu erkennen ist, korrelieren die Werte beider Teststatistiken sehr hoch miteinander und liegen sehr nahe auf der Winkelhalbierenden durch den ersten Quadranten.

Allerdings gibt es eine Asymmetrie bei Tests auf die Nullhypothese zu betrachten. Dass die Wald-Statistik und die Likelihood-Ratio-Statistik beide asymptotisch (d. h. bei großen Stichproben) Chi^2-verteilt sind, wenn die Nullhypothese *stimmt*, also wenn der Zusammenhang zwischen den unabhängigen Variablen und der abhängigen Variablen ausschließlich auf Zufälligkeiten bei der Stichprobenziehung beruht, heißt umgekehrt keinesfalls, dass Likelihood-Ratio-Statistik und Wald-Statistik ungefähr denselben Wert annehmen, wenn die Nullhypothese *falsch* ist, also wenn tatsächlich zwischen den unabhängigen Variablen und der abhängigen Variable *ein echter Zusammenhang besteht*. Tatsächlich weist in diesem Fall der Wald-Test das Problem auf, dass der Standardfehler des Koeffizienten bei hohen Koeffizienten aufgebläht ist, so dass es womöglich nicht zu einer Zurückweisung der Nullhypothese kommt, obwohl diese tatsächlich falsch ist (Menard 2002, S. 43). Unangemessen hohe Standardfehler können im Wesentlichen aus zwei Gründen auftreten. Zum einen kann es durch Kollinearität bedingte Probleme geben. Wenn mehrere der unabhängigen Variablen stark miteinander korrelieren, so bedeutet dies, dass es einen Teil der Variation der abhängigen Variablen gibt, der sowohl durch die eine als auch die andere Variable erklärt werden kann. Naturgemäß nimmt das Ausmaß der Unsicherheit der Schätzung des Koeffizienten, also der Standardfehler, zu. Dieses Problem ist auch aus linearen Regressionsmodellen wohlbekannt. Der zweite Grund von inflationär hohen Standardfehlern jedoch ist typisch für Modelle mit kategorialen abhängigen Variablen mit kontinuierlichen unabhängigen Variablen und tritt insbesondere bei Probit- und Logit-Modellen auf. Es handelt sich dabei um das Problem der vollständigen Separation. Von *vollständiger Separation* spricht man, wenn alle Fälle mit einem Wert der unabhängigen Variablen größer als ein bestimmte Schwellenwert den Wert „1" für Y erhalten und alle Fälle mit einem Wert der unabhängigen Variablen kleiner als der Schwellenwert den Wert „0" (oder umgekehrt) (vgl. Field et al. 2012, S. 323). Durch den Wert der unabhängigen Variablen X ist also der Wert von Y eindeutig bestimmt, je nachdem ob X rechts oder links vom kritischen Schwellenwert liegt. Während bei der linearen Regression mit einer kontinuierlich verteilten abhängigen Variablen diese eindeutige Bestimmtheit dazu führt, dass der Koeffizient mit hundertprozentiger Sicherheit bestimmt werden kann, da alle Punkte genau auf der Regressionsgeraden liegen, führt die eindeutige Bestimmbarkeit von Y mit Hilfe der Kenntnis des Wertes der unabhängigen Variablen merkwürdigerweise zum Gegenteil, nämlich zur relativen Unbestimmtheit des Koeffizienten.

Auch hier erweist sich eine Simulation als hilfreich zur Illustration des Sachverhalts. Es wurden 1000 Iterationen mit Stichproben des Umfangs 1000 durchgeführt. Für jede einzelne Simulation wurde eine standardnormalverteilte Zufallsvariable gebildet. Anschließend wurde der Wert von Y so gebildet, dass Y den Wert „1" erhält, wenn $X \geq 0$ und den Wert 0, wenn $X < 0$. Damit ist der Wert von Y eindeutig durch X bestimmt. Eine typische solche Kurve mit vollständiger Separation ist in Abb. 6.8 dargestellt.

6 Goodness-of-fit-Maße, Modellvergleiche und Signifikanztests

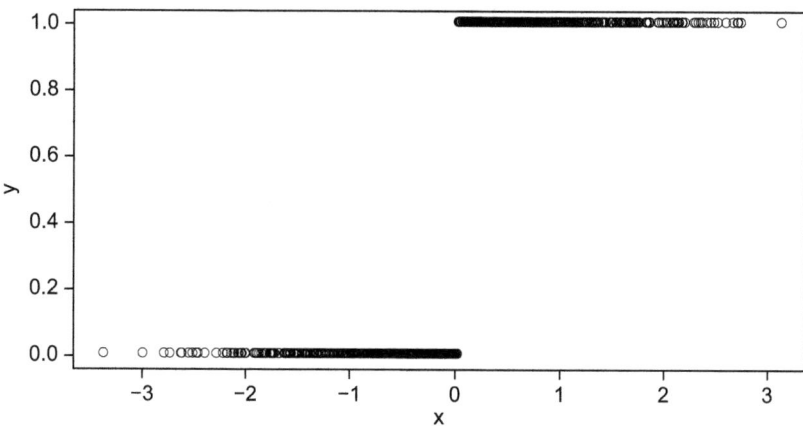

Abb. 6.8 Logistische Regressionsfunktion mit vollständiger Separation

Für das ausgewählte Einzelbeispiel ergab sich mit dem ML-Verfahren ein β_1-Koeffizient von 10.784 mit einem Standardfehler von mehr als 68.000. Das Ergebnis ist daher nach dem Wald-Test nicht signifikant, was offensichtlich ein absurdes Ergebnis ist. Die Erklärung für dieses Phänomen findet sich, wenn man die Verteilung von β_1 betrachtet, die sich für die 1000 durchgeführten Iterationen ergibt. Sie hat einen Mittelwert von 7495, aber einen Median von 5378. Natürlich wird der Steigungskoeffizient niemals negativ. Selbst das Minimum von 1154 stellt eine immer noch sehr, sehr hohe Steigung, d. h. einen nahezu senkrechten Übergang von 0 auf 1 bei $X = 0$ dar. Die Verteilung der Koeffizienten ist aber sehr linkssteil bzw. rechtsschief (vgl. Behnke und Behnke 2006, S. 134 f.). Die grafische Darstellung in Abb. 6.9 belegt dies eindeutig.

Gibt es also Grund zur Annahme, dass die Standardfehler des Steigungskoeffizienten inflationiert sind, sei es durch starke Kollinearitätseffekte oder durch vollständige Separation, dann empfiehlt es sich auf jeden Fall, nicht einfach den schnellen Ergebnissen der Wald-Statistik zu vertrauen, sondern zur Sicherheit auch einen Likelihood-Ratio-Test durchzuführen.

Die Informationskriterien AIC und BIC

Die Auswahl des geeigneten statistischen Modells auf der Basis von Signifikanztests – wie z. B. dem Likelihood-Ratio-Test oder dem Wald-Test – ist nicht gänzlich unproblematisch bzw. ohne Mängel. Das womöglich größte Problem besteht bei den eben besprochenen Tests darin, dass sowohl der Likelihood-Ratio-Test als auch der Wald-Test sich nur zum Vergleich von genesteten Modellen eignen, also zur Entscheidung der Frage, ob man zu einem bestehenden Satz von Prädiktoren

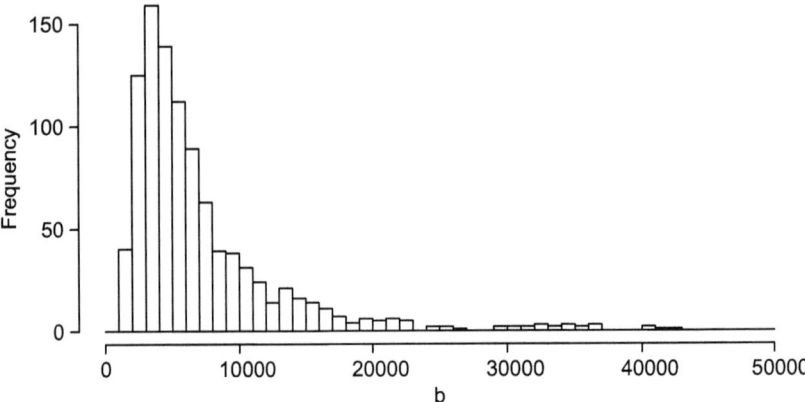

Abb. 6.9 Verteilung des β_1-Koeffizienten bei 1000 simulierten logistischen Regressionen mit vollständiger Separation

einen oder mehrere weitere hinzufügen oder einen oder mehrere entfernen soll, nicht aber zur Entscheidung der Frage, ob man statt des einen Prädiktors lieber einen anderen in das Modell aufnehmen soll. Grundsätzlich gilt, dass zwei Modelle, die nicht genestet sind, die also verschiedene Blöcke von Variablen beinhalten, in dem Sinn, dass das eine Modell Variablen enthält, die dem anderen fehlen und umgekehrt, nicht mit den beiden üblichen Signifikanztests bei einer logistischen Regression verglichen werden können. Die Modellauswahl muss hier also mit Hilfe anderer Kriterien erfolgen.

Eine Modellauswahl auf der Basis von Signifikanztests bzw. der Prüfung einzelner Hypothesen weist aber noch weitere Probleme auf. Werden sehr viele verschiedene Modelle und entsprechend sehr viele Prädiktoren in Hinsicht auf Aufnahme oder Entfernung in das Modell untersucht, dann steigt die Wahrscheinlichkeit, dass einer oder mehrere dieser Tests unter der Irrtumswahrscheinlichkeit liegt, obwohl die Nullhypothese durchaus richtig ist. Je explorativer das Vorgehen bei der Modellauswahl, desto größer diese Gefahr. Umgekehrt aber besteht auch die Gefahr, aus der nicht erfolgreichen Zurückweisung der Nullhypothese, also bei dem Vorliegen eines nicht-signifikanten Ergebnisses, auf die Richtigkeit der Nullhypothese zu schließen. In der Logik wird dieser Fehlschluss als „Verneinung des Antezedens" bezeichnet (vgl. Salmon 1983, S. 58 f.). Wenn aus dem Vorliegen von a auf das Vorliegen von b geschlossen werden kann, dann besteht dieser Fehlschluss darin, wenn aus dem Nicht-Vorliegen von a auf das Nicht-Vorliegen von b geschlossen wird. Die Logik eines statistischen Tests, wie sie von R. A. Fisher entwickelt wurde, also der Überprüfung einer Nullhypothese, entspricht weitgehend der Vorgehensweise, die von Popper als „praktische Falsifikation" (Popper 1989, S. 146) bezeichnet wird. Ereignisse, die im Rahmen einer bestimmten Theorie sehr unwahrscheinlich wären, werden so behandelt, als würden sie durch die Theorie verboten. Treffen diese Ereignisse dann dennoch ein, dann muss nach der Logik des Schlussschemas des Modus Tollens die Theorie falsch sein. Die kritische Implikation ist also diejenige, die aus dem Vorliegen einer Beobachtung, die unter Geltung der durch die Nullhypothese formulierten Bedingungen nur sehr unwahrscheinlich wäre, auf die Ungültigkeit der Nullhypothese schließt. Falsch aber wäre es eben, aus dem Nichtauftreten des „unwahrscheinlichen Ereignisses", also aus Beobachtungen, die unter der Nullhypothese durchaus wahrscheinlich wären und mit dieser also gut harmonieren, auf die Richtigkeit der Nullhypothese zu schließen. Diese Folgerung wäre nur dann zulässig, wenn die unter der Nullhypothese plausible und wahrscheinliche Beobachtung unter jeder anderen möglichen Alternativhypothese unwahrscheinlich wäre. Über diese Art von Informationen aber verfügen wir in der Regel nicht. Die Entfernung aller nicht-signifikanter Prädiktoren aus dem Modell kann also unter Umständen dazu führen, dass theoretisch durchaus bedeutsame Erklärungskomponenten ausgeschlossen werden. Noch problematischer wird es, wenn die ausgeschlossenen Prädiktoren mit im Modell weiterhin verbleibenden Prädiktoren korrelieren. Die Reduktion der entsprechenden Standardfehler der Koeffizienten der verbleibenden Prädiktoren führt dann unter Umständen sogar zu einer übertriebenen Präzision der Schätzung, also zu verkleinerten Konfidenzintervallen und zu kleinen P-Values; zu klein im Sinne dessen, was theoretisch angemessen wäre, nicht im Sinne der Prognose (vgl. Fox 2008, S. 608).

Aus diesen Gründen erfreuen sich seit mehreren Jahren weitere Kriterien zur Modellauswahl, die nicht auf Signifikanztests beruhen, immer größerer Beliebtheit. Diese Kriterien beruhen auf sogenannten Informationsmaßzahlen. Die beiden Maßzahlen, die hier üblicherweise zur Anwendung kommen, sind *Akaike's Information Criterion* (AIC) und das *Bayesian Information Criterion* (BIC).

Die heutzutage übliche Verwendungsform des AIC lautet:

$$AIC = -2LL + 2k = Devianz + 2k \qquad Gl\,(6.19)$$

mit

k Anzahl der Parameter bzw. Anzahl der Prädiktoren + 1

Die ursprüngliche von Akaike (1973) vorgeschlagene Form dividiert diesen Ausdruck noch durch die Anzahl der Fälle, um die Abhängigkeit der Loglikelihood bzw. der Devianz von der Größe der Stichprobe entsprechend zu berücksichtigen.

$$AIC = \frac{-2LL + 2k}{N} = \frac{Devianz + 2k}{N} \qquad Gl\,(6.20)$$

Ein kleinerer Wert des AIC zeigt an, dass dieses Modell gegenüber dem zum Vergleich stehenden bevorzugt werden sollte. Die Aufnahme weiterer Parameter wird daher mit einem Zuschlag bestraft, weshalb diese Kriterien auch als „penalized model-fit statistics" (Fox 208, S. 611) bezeichnet werden. Informationskriterien neigen daher dazu, eher sparsame Modelle zu bevorzugen, also solche, die mit einer möglichst geringen Anzahl von Parametern auskommen. Da die erwartete Devianzreduktion durch Aufnahme eines weiteren Prädiktors, der nur zufällig aber nicht systematisch mit Y zusammenhängt, 1 beträgt (da die Devianzreduktion chi^2-verteilt ist mit der Anzahl der zusätzlichen Prädiktoren als Freiheitsgrade), ist die „Strafe", die im AIC-Maß vorgenommen wird, also doppelt so groß wie die Reduktion, die wir allein aufgrund zufälliger Schwankungen in der Stichprobe erwarten würden. Allerdings ist eine Reduktion von 2 der Devianz bei einem zusätzlichen Prädiktor nach den Likelihood-Ratio-Test statistisch nicht signifikant.

Verwendet man die Form in Gl. 6.19, die bei den meisten Statistikpaketen angegeben wird, sollte man sich sicher sein, dass sich der Vergleich auf Stichproben desselben Umfangs bezieht, da ansonsten ein kleinerer Wert des AIC vor allem auf dem kleineren Umfang der Stichprobe zurückzuführen sein kann und nicht auf eine bessere Anpassung des Modells an die beobachteten Daten.

Auch wenn es eine sehr anschauliche unmittelbare Interpretation des AIC in Form der Bestrafungslogik bei Aufnahme zusätzlicher Prädiktoren gibt, so lässt sich das Maß auch theoretisch begründen. Das Akaike-Informationskriterium lässt sich nämlich als Ausdruck der sogenannten *Kullback-Leibler-Information* darstellen, die den Informationsverlust angibt, der bei der Approximation der „wahren" Funktion durch die im entsprechenden Modell ausgedrückte entsteht (vgl. Fox 2008, S. 613 ff.).

Auch das bayesianische Informationskriterium BIC lässt sich nach einer bestimmten Theorie ableiten, die von Raftery (1996) entwickelt wurde. Der Modellvergleich zwischen zwei Modellen, der durch die Differenz der zwei entsprechenden BIC-Statistiken ausgedrückt wird, ist abhängig vom Verhältnis der bedingten Wahrscheinlichkeiten, mit denen wir die gemachten Beobachtungen unter den jeweiligen Modellen erwarten würden (vgl. Long 1997, S. 110 ff.). Die Formel für das BIC lautet:

$$BIC = -2LL + k \times \ln(N) = Devianz + k \times \ln(N) \qquad Gl\ (6.21)$$

Der Bestrafungsbeitrag für die Aufnahme weiterer Prädiktoren in das Modell fällt also beim BIC höher aus als beim AIC, da der natürliche Logarithmus des Stichprobenumfangs größer als 2 ist. Bei einer Stichprobe mit 1000 Fällen z. B. ist ln(N) gleich 6,9.

Auch beim BIC gilt, dass ein Modell mit einem kleineren Wert des BIC einem Modell mit einem größeren Wert vorzuziehen ist. Für die Analyse der Wahlbeteiligung ergeben sich für verschiedene Modelle die folgenden Werte von AIC und BIC (Tab. 6.2):

6 Goodness-of-fit-Maße, Modellvergleiche und Signifikanztests

Tab. 6.2 AIC und BIC für verschiedene Modelle

Modell	Prädiktoren	Residuale Devianz	AIC	BIC
0	Keine (Nullmodell)	1751,25	1753,25	1758,74
1	Maxsymp	1471,20	1475,20	1486,19
2	Maxsymp, polint	1283,43	1289,43	1305,92
3	Maxsymp, polint, demzuf	1241,65	1249,65	1271,64
4	Maxsymp, polint, pid	1220,97	1228,97	1250,96
5	Maxsymp, polint, demzuf, pid	1184,41	1194,41	1221,90
6	Maxsymp, polint, demzuf, pid, alter, $alter^2$, $alter^3$	1155,07	1171,07	1215,04
7	Maxsymp, polint, demzuf, pid, alter, $alter^2$, $alter^3$, mann	1150,51	1168,51	1217,98
8	Maxsymp, polint, demzuf, alter, $alter^2$, $alter^3$, mann	1208,41	1224,41	1268,38

AIC und BIC erlauben auch einen Vergleich zwischen Modell 3 und 4 oder Modell 5 und 8, obwohl diese nicht ineinander verschachtelt sind. Demnach ist es besser, die Parteineigung als dritte Variable aufzunehmen als Demokratiezufriedenheit, noch besser allerdings ist es, wenn man beide Variablen aufnimmt. AIC und BIC unterscheiden sich beim Vergleich zwischen Modell 6 und 7. Während nach dem AIC der Prädiktor Geschlecht aufgenommen werden sollte, ist dies nach dem BIC nicht zu empfehlen.

Count-R^2

Neben diesen arrivierteren Methoden, den Modellfit zu ermitteln, soll am Ende noch kurz die wohl einfachste und unmittelbar am einfachsten zu interpretierende Methode vorgestellt werden. Sie besteht darin zu untersuchen, bei wie vielen der Fälle es mit Hilfe des Schätzmodells möglich gewesen wäre, diese hinsichtlich der Ausprägung der abhängigen Variablen korrekt zu identifizieren. Jedem Fall wird also konkret ein Schätzwert von Y vorgelegt, der entweder „0" oder „1" ist. Dabei verfährt man nach der sogenannten Regel der maximalen Wahrscheinlichkeit von Cramer (vgl. Long 1997, S. 107) derart, dass Fällen mit einem π-Wert kleiner oder gleich 0,5 der Wert „0" zugeordnet wird, und Fällen, mit einem π-Wert größer als 0,5 der Wert „1". Man erhält dann eine sogenannte Klassifikationstabelle (Tab. 6.3):

Tab. 6.3 Klassifikationstabelle einer logistischen Regression

		Vorhergesagter Wert von Y		Zeilensummen
		0	1	
Beobachteter Wert von Y	0	N_{11}	N_{12}	$N_{1.}$
	1	N_{21}	N_{22}	$N_{2.}$
Spaltensummen		$N_{.1}$	$N_{.2}$	N

Die Einträge in den Zellen der Klassifikationstabelle geben die Anzahl der Fälle mit der entsprechenden Kombination des vorhergesagten und beobachteten Wertes wieder. Die Summe der Zahlen in der Diagonalen der Tabelle gibt daher die Anzahl der korrekt vorhergesagten Fälle an. Die Formel für das Count-R^2 ergibt sich dann unmittelbar als:

$$Count-R^2 = \frac{Anzahl\ richtig\ vorhergesagter\ Fälle}{N} = \frac{N_{11}+N_{22}}{N} \quad \text{Gl (6.22)}$$

Allerdings überschätzt dieses Maß die Fähigkeit des Modells, den richtigen Wert von Y vorherzusagen. Denn auch ohne Kenntnis der unabhängigen Variablen kann man mehr als 50 % der Fälle richtig klassifizieren, indem man den Wert von Y voraussagt, der öfter vorkommt. Das entsprechend korrigierte Maß von Count-R^2 lautet demnach:

$$Count-R^2_{adj.} = \frac{Anzahl\ richtig\ vorhergesagter\ Fälle - \max(N_{1.}, N_{2.})}{N - \max(N_{1.}, N_{2.})}$$

$$= \frac{N_{11}+N_{22} - \max(N_{1.}, N_{2.})}{N - \max(N_{1.}, N_{2.})} \quad \text{Gl (6.23)}$$

Das korrigierte Count-R^2 entspricht Goodman und Kruskal's λ (vgl. Behnke und Behnke 2006, S. 165 ff.).

In Tab. 6.4 ist die Klassifikationstabelle für die Schätzung der Wahlbeteiligung mit Hilfe der vier Prädiktoren der Parteiverdrossenheit, des politischen Interesses, der Demokratiezufriedenheit und der Parteineigung abgebildet.

Tab. 6.4 Klassifikationstabelle der logistischen Regression der Wahlbeteiligung mit den vier Prädiktoren maxsymp, polint, demzuf und pid

		Vorhergesagter Wert von Y		Zeilensummen
		0	1	
Beobachteter Wert von Y	0	151	191	342.
	1	64	1396	1460
Spaltensummen		215	1587	1802

Selbst ohne Kenntnis der unabhängigen Variablen wäre es möglich, 1460 der 1802 richtig vorherzusagen. Der ohne Kenntnis der unabhängigen Variablen begangene Fehler besteht also in den 342 Fällen, die die seltenere Ausprägung der Y-Variablen „0" besitzen. Mit Kenntnis der Information, die die unabhängigen Variablen enthalten, könnten 151 dieser 342 Fälle jedoch richtig klassifiziert werden, allerdings kommt es zu 64 Fehlklassifikationen bei denjenigen, die den Wert $Y=1$ aufweisen. Der Nettofehler reduziert sich also um 87 Fälle, die Anzahl der Fehlklassifikationen reduziert sich von 342 auf 255 bzw. um 25 %.

Obwohl die Schätzung mit Hilfe der unabhängigen Variablen also deutlich verbessert werden kann, bleibt es weiterhin bei einem starken Bias zu Gunsten der richtigen Vorhersage des Modalwerts von Y. Während immer noch weniger als die Hälfte der 342 Fälle mit $Y=0$ richtig klassifiziert werden, werden mehr als 95 % derjenigen, die einen Y-Wert von 1 aufweisen, korrekt diesem Wert zugeordnet. Sogenannte Klassifikationsmodelle erfüllen daher im Gegensatz zu einem prognostischen Schätzmodell wie dem eben angewandten die zusätzliche Bedingung, dass die Randverteilung der Zuordnungen auch der Randverteilung der Beobachtungen entsprechen muss (vgl. Menard 2002, S. 28 ff.). Bei Menard (2002) finden sich auch noch andere Assoziationsmaße neben Goodman und Kruskals λ, die ebenfalls auf die Klassifikationstabelle angewandt werden können.

Kommentierte weiterführende Literatur

Aldrich, John/Forrest D. Nelson (1985): Linear Probability, Logit, and Probit Models. Beverly Hills, CA

Das Buch stellt trotz seines hohen Alters immer noch eine sehr gute Einführung in die Logik von Regressionsmodellen mit einer dichotomen abhängigen Variablen dar. Interessant ist der Vergleich zwischen verschiedenen geeigneten Modellen, wobei der Fokus auf Logit- und Probitmodellen liegt. Didaktisch ist an diesem Buch vor allem überzeugend, wie es mit einer sehr ausführlichen Darstellung des linearen Wahrscheinlichkeitsmodells beginnt, um anschließend im Abgleich zu diesem die spezifischen Vorteile von nichtlinearen Wahrscheinlichkeitsmodellen herauszuarbeiten.

Best, Henning/Wolf, Christof (2010): Logistische Regression. In: Wolf, Christof/Best, Henning (Hrsg.): Handbuch der sozialwissenschaftlichen Datenanalyse. Wiesbaden

Kompakte und kurze Einführung in die essentiellen Charakteristika der logistischen Regression auf Deutsch. Insbesondere wird auf mehrere geeignete Formen der Interpretation der Ergebnisse eingegangen, die in den letzten Jahren an Bedeutung gewonnen haben, so unter anderem Mittlere marginale Effekte und marginale Effekte am Mittelwert.

Field, Andy/Miles, Jeremy/Field, Zoë (2012): Discovering Statistics Using R. Los Angeles

Das Buch enthält ein Kapitel von etwas über 46 Seiten zur logistischen Regression. Wie alle Methoden in diesem Buch wird die logistische Regression auf sehr pragmatische d. h. anwendungsbezogene Weise dargestellt. Die einzelnen Konzepte werden nicht theoretisch vertieft, sondern es wird eine Standardinterpretation angeboten. Ebenfalls enthalten in dem Kapitel sind Anwendungsbeispiele in R, Interpretationshilfen für den von R gelieferten Output sowie nützliche Tipps, was man tunlichst vermeiden sollte. Fazit: Für den Schnelleinstieg in die Anwendung mit leistungsstarker Statistiksoftware sehr geeignet, wenn man auf vertiefendes Verständnis des Verfahrens keinen Wert legt.

Gelman, Andrew/Hill, Jennifer (2007): Data Analysis Using Regression and Multilevel/Hierarchical Models. Cambridge

Das Buch ist eine umfassende Einführung in Regressionsmodelle allgemein und inzwischen schon zum Standardwerk avanciert. Es enthält aber auch ein Kapitel, in dem die wesentlichen Charakteristika und Interpretationen von logistischen Regressionen in bewundernswerter Klarheit, Dichte und Prägnanz dargestellt werden. Außerdem ist ein Kapitel zur Multiebenen-Logistischen Regression enthalten. Die entsprechenden Kapitel sind wie alle anderen des Buches sehr anwendungsorientiert, die Beispiele sind in R programmiert, wobei die dazugehörige Syntax aufgeführt ist.

Hilbe, Joseph M. (2009): Logistic Regression Models. Boca Raton

Das Buch ist eine detaillierte und mitunter durchaus sehr anspruchsvolle Darstellung der Methode für Nutzer, die sich ein sehr grundlegendes Verständnis der Methode erwerben wollen. Geht auch auf theoretische Aspekte ausführlich ein, unter anderem auf verschiedene Algorithmen zur Berechnung der Koeffizienten.

Long, J. Scott (1997): Regression Models for Categorical and Limited Dependent Variables. Thousand Oaks

Das Buch ist das Standardwerk zur allgemeinen Thematik von Regressionmodellen mit kategorialen abhängigen Variablen. Es enthält ein sehr erhellendes und informatives Kapitel zum Vergleich der linearen Wahrscheinlichkeit und des Logit- und des Probit-Modells. Die Ausführungen zu Signifikanztests und Goodness-of-Fit-Maßen sind gerade wegen ihrer Allgemeingültigkeit für eine Vielzahl von Modellen besonders aufschlussreich.

Menard, Scott (2002): Applied Logistic Regression Analysis. Thousand Oaks, CA

Kompakte Einführung auf ca. 100 Seiten in bewährter Sage-Papers Manier.

Menard, Scott (2010): Logistic Regression. From Introductory to Advanced Concepts and Applications. Thousand Oaks, CA

Ausführliche Einführung in die allgemeine logistische Regression, die aber im weiteren Teil sehr detailliert auf spezifische Probleme wie Variablenselektion, Modellbildung und Diagnostik eingeht. Des Weiteren werden viele spezifische Anwendungen behandelt, die über die Standardvariante der logistischen Regression hinausgehen wie Pfadanalysen mit Hilfe von Logit-Modellen, polytome logistische Regression, ordinale logistische Regression, longitudinale Panelanalyse mit logistischer Regression usw.

Pampel, Fred C (2000): Logistic Regression. A Primer. Thousand Oaks, CA

Sehr verständliche und informative Einführung in die logistische Regression auf knapp über 50 Seiten. Besonders hervorhebenswert ist die Darstellung der Logik von logistischen Regressionen und die „Herleitung" der Logit-Funktion als geeigneter Kandidat für die Modellierung nichtlinearer Wahrscheinlichkeiten. Ebenfalls geglückt ist die ausführliche Darstellung der klassischen Interpretationsweisen der Effekte von logistischen Regressionen in Form von Logits, Odds bzw. Odds-Ratios und Wahrscheinlichkeiten.

Sonstige weiterführende Literatur

Akaike, Hirotugu (1973): Information Theory and an Extension of the Maximum Likelihood Principle. In: Petrov, B. N./Csaki, F. (Hrsg): Second International Symposium on Information Theory, Budapest, 267–281
Ben-Akiva, Moshe/Lerman, Steven R. (1985): Discrete Choice Analysis. Theory and application to travel demand. Cambridge
Behnke, Joachim/Behnke, Nathalie (2006): Grundlagen der statistischen Datenanalyse. Wiesbaden
Berry, William D./Feldman, Stanley (1985): Multiple Regression in Practice. Thousand Oaks, CA
Cragg, John G./Uhler, Russell S. (1970): The demand for automobiles. In: Canadian Journal of Economics, 3,386–406
Eliason, Scott R. (1993): Maximum Likelihood Estimation. Logic and Practice. Thousand Oaks, CA
Fahrmeir, Ludwig/Kneib, Thomas/Lang, Stefan (2007): Regression. Modelle, Methoden und Anwendungen. Berlin
Fox, John (2008): Applied Regression Analysis and Generalized Linear Models. Los Angeles
Fox, John (2009): A Mathematical Primer for Social Scientists. Thousand Oaks, CA.
Gill, Jeff (2006): Essential Mathematics for Political and Social Research. Cambridge
Hosmer, David H./Stanley Lemeshow (2000): Applied Logistic Regression. New York
Jaccard, James (2001): Interaction Effects in Logistic Regression. Thousand Oaks
Mood, Carina (2010): Logistic Regression: Why we cannot do what we think we can do, and what we can do about it. In: European Sociological Review, Vol. 26/1, 67–82
Ohr, Dieter (2010): Lineare Regression: Modellannahmen und Regressionsdiagnostik. In: Wolf, Christof/Best, Henning (Hrsg.): Handbuch der sozialwissenschaftlichen Datenanalyse. Wiesbaden
Popper, Karl R. (1989)[1935]: Logik der Forschung. Tübingen
Raftery, A. E. (1996): Bayesian Model Selection in Social Research. In: Marsden, P. V. (Hrsg.): Sociological Methodology, Vol. 25, Oxford, 111–163
Ramsey, Fred L./Schafer, Daniel W. (2002): The Statistical Sleuth. Belmont
Salmon, Wesley C. (1983): Logik. Stuttgart
Stigler, Stephen M. (1999): Stigler's Law of Eponymy. In: Stigler, Stephen M. (Hrsg.): Statistics on the Table. Cambridge, Mass., 277–290
Urban, Dieter (1993): Logit-Analyse. Statistische Verfahren zur Analyse von Modellen mit qualitativen Response-Variablen. Stuttgart

MIX
Papier aus verantwortungsvollen Quellen
Paper from responsible sources
FSC® C105338

If you have any concerns about our products,
you can contact us on
ProductSafety@springernature.com

In case Publisher is established outside the EU,
the EU authorized representative is:
**Springer Nature Customer Service Center GmbH
Europaplatz 3, 69115 Heidelberg, Germany**

Printed by Libri Plureos GmbH
in Hamburg, Germany